초능력 해저인간

대한과학진흥회 엮음

스완미디어
SWAN MEDIA

책 머리에

오늘날 우리들은 고도로 발달된 과학 문명의 혜택 속에 살고 있습니다.

우리의 선진 조국 창조를 위해 무엇보다 중요한 것이 과학기술의 개발입니다. 특히 자원이 부족한 우리나라에서 가꾸어야 할 유일한 자원은 과학 기술로 무장한 풍부한 인력 자원입니다.

대한 과학 진흥회에서는 배우는 학생들을 위해 사물을 깊이 관찰하는 습관과 합리적이고 창의적인 과학적 사고를 심어 주기 위한 방법의 하나로 과학 문고를 엮어 내고 있습니다.

과학 문고를 펴냄에 있어서 딱딱한 과학지식을 그림을 곁들여 쉽고 재미있게 이야기로 풀어 써서 학생들이 스스로 원리를 발견하고 재미를 느끼게 함으로써 과학의 여러 분야에 대하여 흥미를 갖고 접근할 수 있도록 하였습니다.

이 책과 더불어 많은 학생들이 과학에 깊은 관심을 갖고 탐구심과 창의력을 기르며 과학을 생활화 할 줄 아는 사람이 되는데 많은 도움이 되었으면 하고 바라는 마음 간절합니다.

기획편찬 **대한과학진흥회**

차례

태풍이 몰아온 사나이

해안선에서 수백 마일 떨어진 태평양 가운데에서 갑자기 이상한 현상이 일어났습니다.

처음에는 몇 개의 작은 태풍이 일어나는가 싶더니 그 태풍은 점차 이동성 돌풍으로 변하여 태평양을 휩쓸기 시작했습니다.

돌풍은 이동하면서 더욱 거세어져 해안선을 향해 질풍처럼 밀어닥쳤습니다.

태풍지역에서 계속 보내오는 무전에 의하면, 50피이트가 넘는 파도가 마치 지구를 집어 삼킬 듯이 시시각각으로 더욱 거칠게 변하고 있다는 것입니다.

기상 통보관들은 각 지역에서 보내오는 보고를 종합하여 태풍의 상륙시간을 계산하느라고 진땀을 빼고 있었습니다. 기상의 변화와 바람의 방향이 예측할 수 없을 정도로 빨리 바뀌고 있었기 때문입니다.

기상 통보관들이 확실한 예보를 못하고 우왕좌왕 하는 사이에 몇 개의 태풍이 더 합류하면서 거대한 폭풍권(폭풍이 일어나는 지역)을 만들었습니다. 그 거대한 폭풍은 3시간 동안이나 태평양을 이리저리 날뛰다가 갑자기 자취를 감추었습니다. 다행스럽게도 이 거대한 폭풍은 캘리포니아 해안선까지는 미치지 않았습니다.

그러나 크고 사나운 파도가 한동안 해안을 휩쓸며 밀려 왔습니다.

지상관측소의 보고에 의하면, 태풍권 속에서의 폭풍은 사람들의 상상을 초월한 엄청난 것이었다고 합니다.

이 이상한 폭풍의 문제로 라디오와 텔레비전에서는 매일 기상학자들이 모여 토론회와 좌담회를 가졌습니다.

토론회에서 어느 학자는 곧 빙하시대가 닥쳐올 것이라고 주장하였고 어느 학자는 큰 한발(가뭄)이 있을 거라고 예언했으며, 사막과 밀림의 교체설을 주장하는 학자도 있었습니다.

또한 어느 학자들은 이 엄청난 폭풍을 대자연의 심술로 받아들이고, 대자연의 현상에 비해 우리 인류의 능력이란 얼마나 무력한가를 개탄하고 있었습니다.

이 거대한 태풍이 비록 해안까지는 미치지 않았다 하더라도 그 여파는 대단히 무서운 것이었습니다. 그 하나의 표시로 파도가 해안으로 밀려오면서 깊은 해저에서 뜯겨진 해초와 심해

어(수심 200~1,000미터의 깊은 바닷속에 사는 어류) 등 가지각색의 표류물들이 밀려와 쌓여 있었습니다.

무서운 태풍이 휩쓸고 지나간 다음 날, 해안은 너무도 고요해서 무서울 지경이었습니다.

이 고요하기만한 해안을 검게 탄 중년의 어부 한 사람과 10살쯤 되어 보이는 소년이 천천히 걸어오고 있었습니다. 해안에 밀려와 쌓인 표류물들을 바라보던 소년이 어부를 향해 소리쳤습니다.

"아빠, 저것 좀 봐요!"

"뭐가 있니?"

소년이 가리킨 곳에는 난파선의 조각이 뒹굴고 있었습니다. 그들은 함께 뛰어가서 난파선의 조각을 발로 툭툭 차며 그것을 뒤적였습니다.

"판자 조각이 썩은 걸 보니, 이번 태풍에 당한 것이 아니고 옛날에 조난 당한 난파선의 조각인 것 같구나."

어부의 말에 소년이 고개를 갸우뚱거렸습니다.

"아빠, 왜 이렇게 많은 해초가 밀려왔을까요?"

"글쎄다… 아마, 바다 가운데서 굉장한 태풍이 일어나 바닷물을 뒤집어엎은 게지."

"그럼, 배들도 부서졌겠어요?"

"아직 확실한 발표가 없으니까 잘은 모르겠다만…."

"아빠! 군함같이 큰배도 부서지나요?"

"그럼."

이 때였습니다. 두어 걸음 앞서가던 강아지가 갑자기 해초 더미를 향해 미친 듯 짖어대었습니다.

"해피, 시끄러워!"

소년은 강아지를 나무라면서 그리로 다가갔습니다.

"아빠! 뭐가 있나봐요?"

두 사람이 다가가자, 강아지는 더욱 기운이 나서 해초 더미를 앞발로 긁어대면서 짖어대었습니다.

"가만 있으라니까!"

어부는 강아지 해피를 밀어내며 막대기로 해초 더미를 들췄습니다.

"아니?"

아버지와 아들의 눈이 동시에 커다랗게 커졌습니다.

그 물체는 거의 검다고 밖에 표현할 수 없는 인간의 손이었습니다.

"아빠! 사람인가봐요."

"쉿, 가만 있어!"

아버지는 조심스럽게 재빨리 해초 더미를 헤쳐내었습니다. 거기에는 한 사나이가 죽은 듯이 누워 있었습니다. 사나이는 해초에 엉킨 수영 팬티차림이었습니다.

그 사나이는 들릴 듯 말 듯 가냘프게 신음 소리를 내고 있었습니다.

"아빠! 살아 있어요."

"그렇구나!"

아버지는 허둥대며 그를 일으키려 했습니다. 그러나 그 사나이는 정신을 차리지 못했습니다. 아버지는 급히 뒤에 서 있는 아들을 불러 말했습니다.

"너 곧 집으로 뛰어가서 경찰에 연락해라. 부상자가 있으니

빨리 구급차를 보내라고.”

“지금 뭐라고 하셨어요?”

“구급차를 보내달라고 말이다. 꾸물대지 말고 당장 뛰어가거라. 생명이 위험하다.”

서너 명의 인턴(예비 의사)과 간호원이 응급조치실에서 바삐 움직이고 있을 때 당직 의사가 커튼을 젖히고 들어왔습니다.

“무슨 일이지?”

당직 의사는 어깨부터 발끝까지 흰 시트에 덮여 있는 사나이 곁으로 성큼 다가서며 물었습니다.

환자의 얼굴색은 거무스레했습니다. 숨소리도 고르지 못하고 끊임없이 괴로운 신음 소리를 내고 있었습니다. 입을 통해서 목구멍으로 연결된 튜브가 그의 생명을 연장시켜주고 있었습니다.

“혈압 70, 맥박 51로 극도로 쇠약한 상태입니다. 그리고 모든 상태가 악화되고 있어요.”

인턴의 보고에 당직 의사가 물었습니다

“구토는 했나? 출혈한 곳은? 물은 뽑았겠지?”

“폐에 물이 약간 괴어 있었는데, 데려오자 곧 뽑았습니다. 기관지와 치아에는 이상이 없지만 머리에 외상이 있습니다. 어딘가에 몹시 부딪친 것 같습니다.”

"풍랑에 떠돌면서 부딪쳤겠지… 이 마을 어부가 해안에서 발견했다면서?"

당직 의사는 냉정한 표정으로 다시 인턴을 향해 물었습니다.

"동공을 조사해 보았겠지? 마약 과용일 수도 있지 않은가?"

당직 의사의 말에 그제서야 생각났다는 듯 인턴은 사나이의 동공을 벌리고 들여다보았습니다.

"응?"

환자의 눈을 들여다보던 인턴이 중얼거렸습니다.

"눈이 참 묘한데요?"

"의학에 묘하다는 용어도 있나?"

매정하게 쏘아붙이듯 말하면서 당직 의사도 환자의 눈을 들여다보았습니다. 그 순간 당직 의사도 깜짝 놀라며 말했습니다.

"아니! 이건 정말 기묘한데?"

크게 벌려진 환자의 눈동자는 전체가 초록색이었고, 중심에는 백색의 동공이 있었습니다.

"앗! 이게 웬일이지요?"

또 다른 인턴 한 사람이 놀라서 외쳤습니다. 환자의 팔이 마치 썩어가듯 더욱 검게 변해 있었습니다.

"호흡이 더 급하다?"

당직 의사가 당황한 듯 서두르며 지시를 내렸습니다.

환자의 가슴은 호흡이 멎으려는 듯 힘없이 헐떡이고 있었고, 얼굴 색은 이미 회색으로 변해가고 있었습니다. X선 기사가 환자의 가슴에 기계를 설치했습니다.

"박사님, 어떻게 생각하십니까? 눈동자며… 조금 다른 것 같은데요?"

인턴 한 사람이 당황한 목소리로 얼굴을 붉히면서 당직 의사에게 물었습니다.

"어떻게 생각하느냐고? 먼저 살리는 것이 선결 문제야!"

당직 의사인 보그 박사는 급히 수화기를 들어 동료 의사에게 도움을 요청하였습니다.

물갈퀴가 있는 인간

엘지자베스는 영국 해군의 해양 생물을 연구하는 의무관입니다.

마침 엘리자베스는 해군사관들 틈에 끼어 즐겁게 이야기하고 있었습니다.

이야기가 해군의 장비 부족에 대한 것으로 넘어가고 있을 때였습니다.

"엘리자베스!"

갑자기 다그 박사가 뛰어들어오며 그녀를 불렀습니다.

"긴급사태야! 호흡하는 방법을 잊어버린 사내가 나타났대… 내 차로 함께 가겠나?"

어리둥절한 표정으로 엘리자베스가 몸을 일으키며 물었습니다.

"호흡하는 방법을 잊어요?"

"그렇다는 이야기야. 흥미 있는 사건이지?"

"정말 그렇군요. 그 환자를 볼 수 있을까요?"

"원한다면… 따라와요."

다그 박사가 앞장서서 문을 향하여 걸어가자 엘리자베스도 종종걸음으로 다그 박사의 뒤를 따라 나섰습니다.

응급처치실에 들어선 두 사람을 당직 의사인 보그 박사가 X선 사진 앞으로 이끌었습니다.

투시대 뒤쪽의 전등이 밝아지자 두 사람은 그 X선 사진을 보았습니다.

"믿어지지 않습니다."

두 사람이 동시에 말했습니다.

보그 박사는 두 사람의 표정을 잠깐 살핀 다음 말을 이어나갔습니다.

"그래서 재차 촬영한 것이 이것입니다."

다그 박사는 급히 스위치를 눌러 사진을 확대하여 보았습니다. 그리고 심각한 표정을 지으며 그 확대된 괴상한 회색 부분을 마치 촉감으로 확인하려는 듯 손가락으로 더듬어 보았습니다.

그것은 폐장이라고 할 수 없는 상태의 어떤 조직처럼 보였습니다. 늑막과 폐엽의 구별도 되지 않는 엷은 막의 층인 것입니다.

다그 박사는 고개를 가로 저으며, 신음하듯 말했습니다.

"폐는 있군. 그러나 금이 갔어도 여러 번 갔어. 이거야 어디 폐 기능을 하겠나. 보통 인간이라면 저따위 폐로 바다는커녕 거리를 걷지도 못하지. 어쨌든 지금까지 살아 있다는 것 자체가 이상할 정도군."

엘리자베스는 투시대를 떠나 환자의 침대로 다가갔습니다.

환자의 다리에는 흰 붕대가 빈틈 없이 감겨 있었고, 안색은 까맣게 바싹 말라 있었습니다. 호흡은 언제 끊길지 알 수 없을 정도로 약하고, 입에는 거품을 물고 있었습니다. 이미 혼수상태로 죽는 것은 시간문제로 보였습니다.

그 때 환자의 묶이지 않은 손이 약간 움직이며 무엇인가를 요구하듯 했습니다.

엘리자베스는 환자의 얼굴과 손을 조사했습니다. 피부는 탈수상태로, 가느다랗게 금이 가 있었습니다. 그리고 손가락 사이에는 얇은 물갈퀴가 있었습니다. 그 물갈퀴는 자세히 관찰하지 않으면 발견할 수 없을 정도로 얇았습니다.

정말 이해할 수 없는 일이었습니다.

"왜 땀이 안 났을까요?"

옆에서 불안한 표정으로 서성이던 간호원이 이상한 듯 물었습니다.

"그 점도 신경이 쓰이지만, 급한 문제는 아니야."

엘리자베스는 낮은 소리로 말했습니다.

"주립병원으로 보내야 할까봐요."

보그 박사는 더 이상 방도가 없다는 표정이었습니다.

"그럴 시간조차 없겠지."

다그 박사도 말했습니다.

엘리자베스는 보그 박사를 쳐다보며 물었습니다.

"이 분, 해안에서 발견되었다지요?"

"그렇소."

보고 박사가 의심스런 표정을 지으며 대답했습니다.

"다그 박사님, 저는 이 사람의 기관지를 조사하고 싶어요."

다그 박사는 어깨를 으쓱해 보인 다음 보그 박사에게 고개를 끄덕여 보였습니다.

"기관지경 준비!"

보그 박사가 간호원에게 말했습니다.

기관지경이 재빨리 준비되고, 튜브가 그 이상한 사나이의 기관지를 통해 내려갔습니다.

엘리자베스는 간호원이 기록 준비를 하고 기다리는 것조차 잊은 채, 거울에 비치는 영상에 신경을 집중했습니다.

"앗, 보여요!"

그녀는 흥분해서 크게 외쳤습니다.

"엘리자베스! 무엇이 보인단 말야?"

다그 박사가 물었으나 엘리자베스는 몹시 긴장하며 떨고 있었습니다.

"왜 그러지, 엘리자베스?"

다그 박사가 다시 다그치듯 물었습니다. 그러나 엘리자베스는 그 물음에는 대답도 없이 외치듯이 말했습니다.

"구급차를 불러 주세요. 박사님!"

"구급차를?"

보그 박사는 어서 저 골치 아픈 환자를 주립병원으로 보내고 싶었습니다. 보그 박사는 서둘러 간호원에게 지시했습니다.

"간호원, 어서 구급차를 대기시키도록!"

"왜, 무엇이 보이는데?"

다그 박사는 초조하게 물었습니다. 엘리자베스는 주의 깊은 동작으로 환자의 입에서 기관지경을 뽑아내며 말했습니다.

"믿지 않으실 거예요. 어서 구급차를…"

"불렀소."

보그 박사가 퉁명스럽게 말했습니다.

"환자의 상태를 말해봐요."

다그 박사가 재촉했으나 엘리자베스는 머리를 흔들면서 이렇게 말할 뿐이었습니다.

"이 환자를 살리겠다는거지요. 살리는 방법을 알고 있습니다."

보그 박사는 그녀를 마주보는 자리로 이끌었습니다.

"아니, 왜 그래요, 메릴 박사?"

메릴 박사는 엘리자베스를 동료로 부를 때의 호칭입니다.

엘리자베스는 숨을 헐떡이며 소리치듯 말했습니다.

"지금 토론할 시간이 없어요. 어서 이 환자를 살리기 위해 힘을 빌려 달라는 것 뿐입니다."

"좋아, 보그 박사, 엘리자베스를 돕게."

진지한 그녀의 표정에서 무엇을 느낀 듯 다그 박사가 결단을 내렸습니다.

"책임은 제가 지겠습니다. 빨리빨리 해주세요. 간호원!"

엘리자베스가 서두르며 소리쳤습니다.

구급차 사이렌 소리가 응급처치실 입구에서 멈췄습니다. 환자가 서둘러 옮겨 실어지고, 다그 박사와 엘리자베스가 구급차에 올랐습니다.

운전석에서 운전기사가 백밀러를 들여다보며 물었습니다.

"선생님, 어디로 갑니까?"

검게 변한 환자의 손목을 잡고 맥박을 재고 있던 엘리자베스가 외쳤습니다.

"제일 가까운 해변으로 가주세요!"

"해변으로?"

다그 박사가 깜짝 놀라 물었습니다.

"그래요, 제일 가까운 바다로! 바닷가면 아무 데나 좋아요!"

다그 박사가 눈이 휘둥그래져서 엘리자베스의 행동을 물끄러미 쳐다보았습니다.

"잠자코 보고 계셔요."

엘리자베스의 표정은 냉정하였습니다.

구급차는 요란한 사이렌 소리를 내면서 가까운 해안으로 곧장 달렸습니다.

마침내 구급차의 뒷문이 열리고 환자가 들것에 실린 채 바닷가로 나왔습니다.

엘리자베스와 다그 박사가 그 뒤를 따랐습니다.

"됐어요, 이제 제가 하겠으니… 됐어요, 고마워요."

운전사와 인턴이 파도가 넘실거리는 모래사장에 들것을 내려놓았습니다.

"박사님, 저를 믿어주시겠지요?"

엘리자베스가 말했습니다.

"물론이오."

다그 박사는 엘리자베스의 손을 힘주어 잡았습니다.

"고마워요, 박사님!"

엘리자베스는 다그 박사의 도움을 받아가며 환자를 바닷물 속으로 끌고 들어갔습니다. 그리고 벨트를 풀고 바닷물 속으로 환자를 떨어뜨렸습니다.

다그 박사는 마치 최면술에 걸린 사람처럼 기계적으로 엘리자베스를 돕고 있었습니다. 지금까지의 부하의 위치가 이곳에서만은 완전히 뒤바뀐 듯했습니다.

엘리자베스는 조금 더 깊은 물 속으로 옮겨가면서 수영법을 지도하는 교사처럼 환자의 어깨 밑으로 손을 넣어 바닷물에 잠기지 않을 정도로 균형을 유지하면서 계속 끌고 왔습니다.

"물에 빠뜨릴 모양인가?"

바닷가에 지켜선 사람들은 눈이 휘둥그래져 그 모양을 지켜보고 있었습니다.

"우리는 구경만 해도 되는 건가?"

"해군 의무관이 하는 것인데 우리가 나설 수 없잖아."

"암, 그러나 저러나 내 눈을 내가 못 믿을 형편이니… 말한 들 바보 되기 알맞지."

아무것도 할 일이 없는 사람들은 제멋대로 지껄였습니다.

엘리자베스는 물 속에서 사나이의 발목을 잡고는 크게 휘둘러댔습니다. 그 행동은 병에 걸린 상어의 꼬리를 잡아 아가미 속에 물을 강제로 집어넣으려는 것과 같았습니다.

다그 박사는 성난 사람처럼 입을 다물고 서서 지켜보고 있었습니다.

파도가 그녀의 눈을 때리기 시작했습니다. 점차 피로와 바닷물로 인해 눈이 아물아물해졌습니다. 부력이 작용하는 물 속이었지만, 사나이의 체중은 그녀가 움직이기에는 너무 무거웠습니다.

사나이의 팔을 잡은 그녀의 손은 당장이라도 미끄러져서 놓쳐버릴 것 같았습니다.

그녀는 눈을 감고 온 신경을 자기 손에 집중시키고 천천히 원을 그렸습니다.

한동안이 지난 후에야 엘리자베스는 무거운 그의 몸이 훨씬 가벼워졌다는 것을 알 수 있었습니다.

엘리자베스는 얼굴에 부딪쳐 부서지는 파도의 사이를 통해 사나이를 내려다보았습니다. 사나이의 몸이 상어처럼 유연하게 바닷속에서 천천히 움직이고 있었습니다.

엘리자베스는 자신의 짐작이 적중했다는 것을 깨달았습니다.

잠시 후에는 사나이의 체중을 전혀 느낄 수 없게 되었습니다. 그녀는 조심스럽게 사나이의 팔을 놓았습니다.

금방 숨이 끊어질 것 같던 사나이가 신기하게도 수중에서

천천히 떠돌며 조금씩 움직이기 시작했습니다.

"아니 ? 저럴 수가…"

바닷가에서 그 광경을 지켜보고 있던 사람들은 눈이 휘둥그래졌습니다.

사나이의 동작은 둔하리만큼 느렸고 천천히 헤엄쳤습니다. 사나이가 그녀 주위를 한 바퀴 도는 데에 거의 2분이나 걸렸습니다.

천천히 헤엄치던 사나이는 싫증난 것처럼 물 속에서 벌렁 누워 그녀와 얼굴을 마주 대했습니다.

사나이의 눈은 황금빛을 강하게 띠는 초록색의 괴상한 눈이었는데, 껌벅거림이 전혀 없었습니다.

엘리자베스는 파도가 얼굴에 물보라를 뿌리는 것조차 잊고 있었습니다. 사나이의 얼굴은 아무런 감정도 나타내지 않았고 표정도 없었습니다. 다만 조금씩 그가 원기를 회복하는 것만을 분명히 알 수 있었습니다.

사나이는 웃지도, 눈을 껌벅거리지도 않은 채 전혀 표정 없는 얼굴로 그녀를 빤히 마주볼 뿐이었습니다.

엘리자베스는 갑자기 무서워졌습니다.

사나이는 천천히 손을 움직여 수면 위로 손을 내밀었습니다. 손은 이미 거무스레한 피부가 아니었습니다. 그 손은 아주

천천히 그녀 앞으로 뻗어왔습니다. 그녀는 그 손을 잡았으나 앞으로 당기지는 않았습니다.

사나이도 손을 잡힌 채 수중에 떠서 자기 손을 잡은 그녀의 웃는 얼굴을 물끄러미 바라볼 뿐이었습니다.

사나이의 손은 따뜻했습니다. 그녀는 무의식적으로 그의 맥박을 짚었습니다. 맥박이 정상적으로 느껴졌습니다.

엘리자베스는 사나이를 물 속에서 세워보려고 했으나 그가 거부하는 것 같아서 그만두었습니다. 그녀는 아직도 그가 완전히 회복되지 않았음을 깨달았기 때문입니다.

아침 해가 동쪽에서 얼굴을 내밀었을 때 그녀는 잡았던 손에 힘을 주어 다시 일으켜 세워보려고 했습니다. 이번에는 거역하지 않고 모래에 두 발을 딛고 일어섰습니다.

그녀는 그의 손을 이끌고 천천히 해안을 향했습니다. 그러나 그 사나이의 건강은 아직 완전하지 않았습니다.

엘리자베스는 멍하니 서 있는 다그 박사에게 도움을 청해 사나이를 구급차에 실었습니다.

"이번에는 어디로 가는 거지요?"

운전사와 인턴이 동시에 목쉰 소리로 물었습니다.

"해군의 해양 개발 센터로 가주세요. 위치는 아시겠지요?"

"네. 알아요."

운전사가 구급차를 출발시키자 제정신으로 돌아온 다그 박사는 주위를 돌아보며 말했습니다.

"자네들은 지금 보고 들은 모든 것을 극비사항으로 입밖에 내지 말아주게. 해군에 관계되는 극비 사항이라네. 알겠는가?"

인턴과 운전기사가 동시에 대답했습니다.

"네. 비밀을 지키겠습니다!"

해군 해양 개발 센터

해군의 해양 개발 센터는 좁은 운하 옆에 늘어서 지붕이 낮은 백색 건물이었습니다. 운하에는 전자공학 기계와 컴퓨터가 실려 있는 2척의 조사선이 정박해 있었습니다. 해양 개발 센터 주위에는 튼튼한 철망이 둘러 쳐져 있고 출입구에는 두 명의 경비병이 지키고 있었습니다.

엘리자베스는 그 건물 안에서 괴상한 사나이와 함께 지내고 있었습니다. 그녀는 바깥 세계와는 완전히 담을 쌓은 나날을 보내고 있었습니다.

엘리자베스는 사나이가 걷거나 헤엄치는 모습을 관찰하고, 그의 근육과 내장의 기능을 자세하게 조사하고 있었습니다.

조사 기록은 그 사나이가 잠을 자는 시간에도 계속 되었기 때문에, 그녀는 거의 잠을 자지 못했고 센터에서 떠나지도 못했습니다.

엘리자베스는 사나이의 움직임을 관찰하고 조사하여 기록

하는 일 이외에는 하루 종일 자료실에서 시간을 보냈습니다.

해군은 그녀가 무엇을 하거나 비밀을 지켜 주었습니다.

엘리자베스가 연구한 그 동안의 정밀 조사에 의하면 괴상한 사나이의 내장기관은 인간과 별로 다르지 않았으나 호흡기관만은 전혀 다른 구조임이 밝혀졌습니다.

이 괴상한 사나이는 신장 190센티, 체중 70킬로그램의 건장한 체격에 모든 근육이 수영선수에 적합한 조건을 갖추고 있었습니다.

그러나, 보통의 인간과는 구별되는 특징이 몇 가지 있었습니다. 첫째는, 윤이 나는 검은 머리칼 외에는 몸의 어디에도 털이 없었고, 피부는 여자처럼 보들보들하고 미끈했지만 매우 강한 힘을 가졌습니다.

특히 다른 점은 눈이었습니다. 그 사나이의 눈은 사람을 끄는 신비한 힘이 있었고, 날카로웠지만 초점이 없어서 마주 보면서도 어디를 보고 있는지 모를 때가 많았습니다.

눈동자는 중심의 흰 점을 제외하고는 다른 색이 전혀 없이 온통 초록색이었습니다. 그 흰 점이 동공이라고 추측되는데, 빛을 조절하는 조리개 역할은 전혀 하지 않았습니다. 아마도 물 속에서는 이 흰 점이 특수한 기능을 하는 것 같았습니다.

눈물샘은 발달이 불완전했고 깜박거리는 횟수도 아주 적었습니다. 또 땅 위에서는 안구가 쉽게 말라 버렸습니다.

사나이의 눈과 그 미끈하고 강한 근육, 그리고 호흡기관은 물 속에서 생활하기에 적합한 것이었습니다.

전체적으로 신체적 특징은 분명히 수서 동물(물 속에서 사는 동물)이었으며, 손가락과 발가락 사이에는 물갈퀴도 있었습니다. 그러나 물갈퀴는 오리발처럼 넓지 않았으며, 손가락의 첫마디에만 있어서 손가락을 벌리지 않으면 거의 알아보지

못할 정도였습니다.

그러나 아가미처럼 생긴 호흡기관은 땅 위에서의 생활을 가능하게 하였으며 체격이상의 힘과 민첩한 동작도 가능하였지만 물 속에서의 힘은 상상을 초월하였습니다.

수영 방법도 손발은 차렷 자세를 하고서 몸을 폈다 구부렸다 하면서 마치 뱀장어와 같은 동작으로 물 속을 헤엄쳐 다녔습니다.

그런데 이 속도는 아무리 뛰어난 수영 선수도 따라갈 수 없을 정도였습니다. 또한 이 수영 법은 배워서 익힌 것이 아니었고 분명히 타고난 것이었습니다.

물 속에서 보여 주는 그의 능력은 한정된 좁은 풀장에서는 충분한 조사가 불가능했으나, 충분히 그의 초능력을 짐작할 수 있게 하였습니다.

조사가 점차 진행되면서 엘리자베스는 이제 이 사나이의 능력에는 그다지 놀라지 않을 정도로 익숙해졌지만, 오직 한 가지만은 도무지 알지 못하고 있었습니다. 그 한 가지는 이 사나이가 어디서 왔느냐 하는 문제였습니다.

사나이는 전혀 입을 열지 않았습니다. 그러나 발성기관은 분명히 인간과 똑같았으며 전혀 아무런 이상도 없었습니다. 그 사내는 말은 하지 않았지만, 그녀의 말을 이해하고 지시대로 움직이는 것이었습니다. 그래서 그녀는 그가 말을 할 수 있는가, 만약 말을 할 수 있다면 왜 이야기하지 않는가. 이런 수수께끼를 풀기 위해서 밤 잠을 자지 못했던 것입니다.

엘리자베스는 그에게 마크 허리스라는 이름을 지어주었습니다.

엘리자베스의 조사내용을 어렴풋이 짐작하는 해군의 장교들은 그 결과를 알고싶어 했습니다.

그러나, 엘리자베스는 누구의 간섭도 받지 않으려고 했습니다. 지금 그녀의 의문은 오직 '마크 허리스는 누구냐? 어디서 왔느냐? 어떤 사고로 여기까지 흘러왔는가?' 였습니다.

그러나 그녀는 결국 이 문제의 해답을 얻지 못한 채로 하는 수 없이 워싱턴에 있는 해군장관 피아즈 제독에게 조사 결과를 보고하여야만 했습니다.

해양 개발 센터의 회의실에는 날카로운 눈초리의 50대 후반인 피아즈 제독이 가죽의자에 앉아 엘리자베스가 설명하는 컬러 슬라이드를 들여다보고 있었습니다.

스크린에는 마크의 수중 동작과 풀 주위를 걷는 모습이 나타나 있었습니다.

"…2주일이 지난 현재, 그는 풀에서 나올 수 있을 정도가 되었습니다."

그녀는 설명을 계속했습니다.

"그는 2주간 육상생활의 시간을 조금씩 연장해 왔습니다. 수중 동작의 능력은 눈부시게 회복되었습니다만 육상에서 신체의 균형을 잡기까지에는 상당한 시간과 훈련이 필요하며 풀에서 나오기를 여러 차례 거절하기도 했었습니다. 그의 신뢰를 얻기 위해서라도, 또 건강을 회복하는 방법도 그 자신이 가장 잘 알고 있을 것 같아서 땅 위로 올라오는 문제는 무조건 그의 결정에 따르도록 해 왔습니다."

화면이 바뀌어 마크의 상반신이 비쳐지고, 심전도, 뇌파, 호흡계측, 운동측정 등의 데이터가 숫자로 스크린에 차례로 나타났습니다.

"정도가 높은 신체 테스트를 시작했습니다. 꽤 힘드는 운동이 요구되는 테스트입니다만, 지금 슬라이드로 보시는 바와 같이 전혀 피로를 보이지 않습니다. 예를 들어 땀을 흘린다든지…. 그러나 징후는 없습니다만 실제는 피로해 있는 것입니다."

제독은 아무런 표정도 없이 설명을 들으며 눈은 스크린에 못 박혀 있었습니다. 한 마디의 말도 없었고 고개를 끄덕이지도 않았습니다.

부관인 에인즈레이 중위는 그러한 제독의 옆 얼굴만 바라보며 그 반응을 살피고 있었습니다. 제독의 침묵이 언제 폭발할

지 예측할 수 없는 것입니다.

에인즈레이 중위는 이 SF(에스 에프 공상과학 이야기)답지도 않은 정체불명의 보고가 빨리 끝났으면 싶었습니다. 결재 서류가 산처럼 잔뜩 쌓여 있는데 이따위 시시한 일에 시간을 빼앗기게 되는 일에 짜증이 났습니다.

지금까지는 제독의 표정에 이렇다 할 변화는 보이지 않고 있었습니다. 중위의 애타는 심정과는 상관없이 엘리자베스는 과학자답게 냉정한 태도로 보고를 계속 했습니다.

"…테스트 결과로는, 육상에서의 생활이 가능한 기능은 거의 없다는 것을 알 수 있었습니다. 그 한 가지 예로, 눈이 태양 광선에 몹시 약하기 때문에 특수 렌즈의 안경을 착용하게 해서 테스트를 계속하는 중입니다. 그러나 그 눈은 오히려 심해에서는 잘 보일 것 같습니다. 육상에서는 전에 말씀드렸던 것처럼 땀을 흘리지도 않고 홍조를 띄우는 일도 있었습니다만 곧 피로를 느꼈습니다. 뭍으로 올라온 다음 12시간이 지나면 신체에 특이현상이 일어나기 시작합니다."

슬라이드에는 마크의 손이 확대되어 나타나 있었습니다.

"…이것이 최초의 탈수상태의 징후입니다. 수족이 급속하게 검게 변색해 가고 있습니다…"

계속해서 슬라이드에는 손이 갈색에서 초콜릿색, 그리고 흑

색으로 변하는 과정을 차례로 비치고 있었습니다.

"변색 과정에서 마지막에 가까울수록 변색 속도가 빨라집니다. 이렇게 되면 상당한 고통을 느끼리라는 것은 분명한데도 그 고통을 느끼는 징후는 끝내 찾아 내지 못했습니다."

스크린에는 마크가 조수의 품에 안겨 풀로 옮겨지는 광경이 나타났습니다.

"16시간에서 20시간을 물에서 떼어놓으면 피부가 건조되고 갈라지기 시작하며 점차 폐의 활동이 약화되고 심장이 정지하여 끝내 사망합니다. 물론 그 상태까지 그를 실험한 것은 아닙니다. 모니터에 표시된 초기 단계에서 얻어진 수치로 판단한 것입니다만 이 판단은 정확합니다. 그는 매우 협조적으로 꾸준히 저에게 육상에서의 체력 한계와 변화를 보여 주었고 우리들의 이해를 바라는 것처럼 보이는 점이 있습니다. 그러나…"

엘리자베스는 숨을 크게 들이마시며 설명을 계속 했습니다.

"그러나 수중에서라면 전혀 달라지는 것입니다."

스크린에는 마크가 우아한 율동으로 물과 흥겹게 놀고 있는 장면이 비쳤습니다. 직선을 그리다가 갑자기 부드럽게 돌다가 깊숙이 잠수했다가 유도탄처럼 수중에서 솟아오르는가 싶더니 갑자기 빨려들 듯 물 속으로 잠기기도 했습니다.

"…수중 생활의 적응성은 완벽하고 힘찬 동작과 민첩함을 발휘합니다. 흔히 물을 얻은 물고기와 같다는 말을 듣습니다만 그런 말은 오히려 미흡하다 하겠습니다. 양손에 양발이 있고 두뇌를 갖추고 있으니 수중에서의 모든 동작이 지능적이며 유연합니다. 그를 수서동물로 분류한다면 우리가 알고 있는 어떤 수서동물보다 훌륭한 능력을 갖추고 있습니다. 하지만 저는 그를 수서동물로 분류할 생각은 조금도 없습니다."

그녀는 제독의 얼굴을 지켜보며 말을 이었습니다.

"현재까지의 성과로 보아 그가 너무도 인간과 닮았기 때문에 그런 분류를 하는 것이 주저된다는 뜻입니다…"

제독이 고개를 끄덕였습니다.

"게다가 수중에서의 그는 인간의 능력을 훨씬 뛰어넘습니다."

슬라이드에는 수면 위로 상반신을 내놓은 마크를 비치고 있었습니다. 가슴에서 물방울이 굴러 떨어지고 금속이 빛나는 것처럼 번쩍거리는 녹색의 눈이 예리한 시선을 보여주고 있었습니다.

"폐는 인간과 똑같은 위치에 있습니다만 아가미와 같은 막으로 덮여 있습니다."

"질문하고 싶은데."

제독이 설명하는 도중에 끼어 들었습니다.

"말씀하십시오."

"그의 폐는 아가미라 해도 무방하지 않겠소?"

그녀는 말없이 생각에 잠기면서 스크린을 보았습니다.

"그렇게 단정하진 못합니다. 조직검사를 하거나 그렇지 않으면…"

"해부?"

"저는 그를 해부하겠다고 말씀드리는 것은 아닙니다."

"물론이지. 지금 그의 죽음을 바라는 사람은 아무도 없소."

“제 말은… 생리 조직검사의 샘플이 없는 이상, 그가 물에서 직접 산소를 흡수하는 아가미와 같은 막이 있다고 밖에 말씀드릴 수가 없다는 것입니다.”

“간단히 말한다면 그는 물고기처럼 호흡한다는 말인가?”

“그렇습니다.”

“처음부터 그렇게 말해 주었으면 곧 알아들었을 것인데.”

"죄송합니다. 그러나 다른 사람이 알게 되면 신문의 톱기사처럼 세상이 웅성거리지 않을까 걱정이 됩니다."

"걱정할 것 조금도 없소. 여기서 비밀이 누설되는 일이 없을 거요."

"알겠습니다."

"계속합시다. 박사."

그녀는 스크린 앞으로 다가가 들고 있던 막대기로 마크의 흉부를 가리켰습니다.

"피부는 얼핏보아 우리 인간의 피부처럼 보입니다만 사실은 완전히 다릅니다. 머리카락 이외에는 전혀 털이 없습니다."

"비늘은 없던가?"

"없습니다."

"이미 아셨겠지만 그의 손, 발가락 사이에는 엷은 물갈귀가 있습니다. 이것은 수중생활에 도움을 주기 위한 것입니다. 그의 눈은 고양이와 비슷하여 칠흑의 해저에서도 잘 보일 것으로 추측됩니다. 땅 위에서는 시력에 장애를 받고 있습니다만 태양빛을 가려버린다면 저 안경 없이 모든 것을 식별하리라고 생각됩니다."

슬라이드가 바뀌었습니다. 마크가 수면에서 30센티미터쯤 내려간 수중에 드러누워 지그시 눈을 감고 정지해 있는 모습이 나타났습니다.

"뭘 하고 있는 거요?"

"잠을 자는 것 같습니다. 다른 조사 결과에 미루어 저런 모양으로 수중에서 수면을 취합니다."

"허허. 헌데 이 곳에서의 그의 생활은 쾌적하겠지요?"

"네, 현재 그는 매우 유순하고 협조적입니다. 저는 이 검사를 조금 더 계속하고 앞서의 검사 결과와 비교하는 것으로 이 일련의 검사를 끝내고자 합니다. 그는 지금껏 입을 뗀 적이 없습니다. 지시에는 극히 순수하게 응해 주고 완전한 음성기관도 갖추고 있습니다. 청각도 확실하고 특히 제 음성에는 예민합니다. 사전에 설명만 해준다면 그는 즉석에서 반응을 나타내기도 합니다."

"발성기관이 있다고 했습니까?"

"아주 완전합니다."

"말하지 않으려는 이유는 모르겠소?"

"무어라고 할 수 없습니다만, 아마도 여태까지 인간의 언어를 들어 본 적이 없거나 혹은 더 익숙해질 때까지 입에 담기가 쑥스럽다고 생각하는지도 모릅니다."

"감정적인 면에서 보면 어떻소?"

"심리적으로는 어느 때나 냉정합니다. 감정이 있다 해도 그

것을 거의 나타내지 않습니다. 웃지도 찡그리지도 않습니다. 컴퓨터에서는 피로와 긴장을 뚜렷하게 나타내는데도 얼굴에는 아무런 표정이 없습니다. 그러나 그의 심중의 움직임을 거의 모르는 현재로서는 그가 감정이 없다고는 단정하지 못하겠습니다."

"동감이오."

"고맙습니다. 저로서는 성급하게 판단하고 싶지 않습니다."

그녀는 다음 슬라이드를 설명했습니다. 그것은 마크 허리스가 익숙치 못한 솜씨로 식탁에서 식사하는 모습이었습니다.

"먹는 것은 해초와 플랑크톤입니다. 식사에 관한 조사는 불충분한 것을 자인합니다만 고기와 감자는 전혀 위에서 받지 않는 듯합니다. 섭취량은 적습니다. 대신 횟수가 잦고 밀크와 생수는 마시지만 보통 때의 음료수는 바닷물입니다. 커피는 전혀 먹지 않습니다. 홍차도 똑같았습니다."

"말만 한다면…."

"오죽이나 좋겠습니까. 어디서 태어났는가에 대해서는 실마리조차 찾지 못한 형편이니 말입니다. 연상 테스트 결과로는 기억 상실증의 의심도 일어납니다."

"기억 상실증?"

"네. 그래서 조사는 점점 혼란스러워집니다."

"흠! 어쨌든 박사는 내가 생각한 것보다 훨씬 많은 것을 아주 자세하게 조사하셨소. 그가 말을 안하는 것은 정말 기억 상실증인지도 모르겠구만."

"글쎄요…"

슬라이드에는 컴퓨터의 모습을 보여주고 있었습니다.

"지난 2주간에 조사 수집한 데이터를 전부 모아 국방성에 보내서 나온 회답이 이것입니다."

"아트란티스의…최후…시민…"

그녀는 곁눈으로 제독의 표정을 훔쳐보았습니다.

그는 눈썹을 잔뜩 모으고 날카로운 시선으로 화면의 글자를 쏘아보고 있었습니다.

"아트란티스 대륙이라…."

제독은 낮게 중얼거렸습니다.

"저는 저것이 무엇을 의미하는지 알지 못하고 있습니다."

그녀는 표정 없는 얼굴로 냉정하게 말했습니다.

"그러나 알고 있는 것은 적어도 조사하는 기간만은 그를 보호할 의무가 있다는 점입니다."

"아트란티스 대륙이라…."

제독은 천천히 고개를 흔들면서 그 말만을 되풀이했습니다.

"그럼 실험실로 가시지요."

"만나도 방해되진 않겠소?"

"네. 그러나 불안감을 주지 않도록 부탁합니다."

그녀가 앞장서며 말했습니다.

엘리자베스와 피아즈 제독이 실험실로 향하는 복도로 접어들었을 때입니다.

"메릴 박사님! 메릴 박사님!"

얼굴이 창백하게 변한 실험 조수가 엘리자베스를 부르며 달려오고 있었습니다. 조수는 다짜고짜 그녀의 팔을 잡아당기면

서 말했습니다.

"따로 보고 할 일이 있습니다."

"여기서 말하세요. 괜찮아요. 자, 조금 진정하고."

말로는 그렇게 했지만 그의 안색으로 보아 무엇인가 불안한 긴급사태가 발생한 것을 그녀도 느낄 수 있었습니다.

"마크가 없어졌어요. 행방불명입니다!"

그녀는 비틀거리며 자신도 모르게 제독을 쳐다보았습니다.

거리로 나선 마크는 다른 사람들이 하는 것처럼 인도를 따라 걷기 시작했습니다.

정문을 나올 때는 사람들이 똑같은 복장에 똑같이 대열을 지어 걸었으나 거리에서는 각자가 가고 싶은 대로 걷고 있었습니다.

마크는 아무래도 두세 명이 가는 뒤를 따라가는 것이 현명할 것 같았습니다. 앞에 걷던 사람이 은행으로 들어가자 마크도 따라갔습니다. 안에서는 한 사람씩 은행원과 이야기하고 있었습니다. 그는 어느 이야기하는 사람 뒤에 서 있었습니다. 마크 차례가 왔습니다. 그는 은행원의 얼굴을 뚫어져라 쳐다보았습니다.

"어서 오세요. 무엇을 도와 드릴까요."

여 은행원이 방긋 웃으며 물었습니다.

그러나 마크는 눈을 크게 뜨고 그녀를 멀뚱멀뚱 쳐다보고만 있었습니다.

여 은행원은 몸을 돌려 경비원에게 다가가 마크를 손가락으로 가리켰습니다.

“저 해병이 조금 이상해요.”

“해병?”

경비원이 급히 뒤를 돌아보았을 때는 이미 마크가 사라져버린 뒤였습니다.

은행의 회전 도어를 빠져 나온 마크는 주위를 두리번거리다가 차도로 들어섰습니다.

한 대의 자동차가 마크의 뒤에서 요란하게 클랙슨을 울렸습니다. 펄쩍 뛰어오른 마크는 그제서야 정신이 드는 것처럼 인도로 올라와 발걸음을 재촉하였습니다. 마크는 피로를 느끼기 시작하였습니다.

그러면서도 눈은 쉬지 않고 이리저리 둘러보고 있었습니다.

마크는 점차 호흡이 가빠지는 것을 느꼈습니다. 피곤함도 더욱 심해졌습니다.

손을 보자 어느 새 손끝이 검게 변해 있었습니다. 깜짝 놀란 마크가 하늘을 쳐다보니 낯익은 해양 개발 센터의 무선 안테

나가 보였습니다.

그는 허둥지둥 안테나가 보이는 방향으로 뛰어가기 시작했습니다.

엘리자베스는 불안한 시선으로 출입구와 제독의 얼굴을 번갈아 쳐다보고 있었습니다.

피아즈 제독이 신중한 표정으로 말했습니다.

"박사, 나는 이 계획의 모든 책임을 박사에게 주고 싶소. 지금, 목표도 방향도 없이 무작정 뛰어 나갈 수는 없는 것 아니겠소? 그가 어느 방향으로 갔는지, 무엇을 노리는지 우리는 아무것도 모르지 않소?"

"만약 그가 지금도 육상에 있다면 이제 호흡이 몹시 곤란할 것입니다."

엘리자베스가 초조한 표정으로 말했습니다.

"그렇겠지… 그러나…"

"둘 중 하나입니다. 가능성은 극히 희박합니다만 이 곳으로 다시 돌아오던가, 아니면 바다로 뛰어들었던가 입니다."

"후자라면 이미 운하를 거쳐 바다로 나간 지 오래일 거야."

"저것 보세요!"

갑자기 중위가 창밖을 가리키며 큰 소리로 외쳤습니다.

창 밖을 쳐다본 세 사람은 용수철처럼 뛰어 밖으로 뛰어 나왔습니다.

"마크!"

마크가 헐떡헐떡 숨을 몰아쉬면서 돌계단을 오르고 있었습니다. 그는 세 사람을 보자 멈춰 서서 자신의 가슴에 손을 댔습니다. 검게 변한 손이 뚜렷하게 보였습니다.

"도와 주세요. 해안으로 데려가야 해요. 빨리 풀에 넣어야 해요!"

엘리자베스가 달려가 마크의 한 팔을 잡았고 제독이 다른 팔을 잡았습니다.

"자, 침착하게!"

제독의 체면도 박사의 체면도 모두 잊고 그들은 복도를 달려 풀까지 오자 마크를 던지듯 풀 속에 넣었습니다. 마크는 해군 작업복을 입은 그대로 물 속으로 잠겼습니다.

"하마터면…"

엘리자베스는 숨을 몰아쉬느라 다음 말을 잇지 못했습니다.

"운이 좋았군."

제독은 고개를 끄덕이면서 덧붙였습니다.

"저 모양이 되어 여기까지 돌아오다니, 그가 어지간히 박사를 신뢰하는 모양이군."

"그랬으면 하고 간절히 바랍니다."

"그가 박사를 전면적으로 신뢰한다는 일이 가장 중요하거든."

"조사 때문에요?"

"그의 유효성에 대해서도."

"무슨 말씀이시지요?"

그러나 제독은 대답하지 않고 풀장 옆에 쪼그리고 앉아 수중에서 조금씩 기운을 차려가는 마크를 관찰하고 있었습니다.

이미 마크는 수중을 미끄러지듯 움직이고 있었습니다. 정상으로 회복된 듯했습니다.

세 사람은 묵묵히 그를 지켜보았습니다. 마크는 천천히 세 사람에게 다가와 물 속에서 엘리자베스를 올려다보았습니다. 그녀가 미소를 머금고 고개를 끄덕이자, 그는 몸을 돌려 풀 밑까지 내려갔다가 다시 다가왔습니다.

엘리자베스가 제독을 소개했습니다.

"마크, 이 분은 피아즈 제독님이세요."

마크는 느릿느릿 제독 쪽으로 고개를 돌렸습니다.

제독이 인사를 건네느라 고개를 끄덕이었습니다.

"해군성에서 당신을 만나러 오셨어요. 아주 높은 분인데 이해심이 깊으시기 때문에 당신을 도울 수 있을 거예요. 또 우리가 더 가까워지도록 도와주시겠대요."

마크는 배영으로 멀어졌다 가까워졌다 하면서 제독을 지켜보고 있었습니다. 마크의 시선이 다시 엘리자베스에게로 향했습니다.

"아무 걱정 없어요. 마크, 제독님은 우리 친구예요. 그리고 아주 높은 친구예요. 전적으로 신뢰해도 돼요."

마크는 다시 수중으로 깊숙히 들어갔습니다.

"그에게 시간을 주셔야 할 것 같습니다."

엘리자베스가 제독을 돌아보며 말했습니다.

"그래야겠지. 좋아요."

그들은 마크가 수면에 떠오를 때까지 풀에서 한참을 기다렸습니다. 그는 밑바닥에서 물 속에 갓 들어간 고기처럼 활발하게 20분쯤 헤엄치며 놀았습니다. 그리고 천천히 원을 그리면서 다시 수면에 떠올랐습니다.

엘리자베스는 미소를 지으며 마크를 제독에게 소개했습니다.

"제독님, 마크 허리스예요."

제독이 무릎을 땅에 대고 인사했습니다.

"자네와 만나게 되어 기쁘네, 마크. 메릴 박사의 조사에 협력해 준다니 감사할 따름이라네. 자네가 실험실에서 연기처럼 사라져 나는 간이 콩만해졌더라네."

제독은 말을 마치고 빙긋 웃었다.

그러나 마크는 아무 표정 없이 엘리자베스를 쳐다보고 있었습니다. 그녀는 다정한 미소를 띄우고 마크의 일거일동을 부드럽게 지켜보고 있었습니다.

제독이 일어섰습니다. 에인즈레이 중위가 잽싸게 몸을 굽혀 제독의 바지에 묻은 흙을 털었습니다.

"그럼, 박사. 오늘은 우수한 보고도 들었고 간이 서늘해지는 꼴도 덕택에 맛보았오. 또 마크 허리스의 수중 생활도 잘 보았고…."

제독은 웃음기가 전혀 없는 목소리로 말을 이어갔습니다.

"아주 훌륭한 하루라고 생각해. 그런데 며칠 사이에 더 자세한 내용, 그의 수중에서의 스피드, 민첩성, 힘, 스테미너 등에 관한 보고가 듣고 싶소. 평균치가 아닌 그의 한계를 알고 싶은 거요. 필요한 것은 무엇이든지 자유롭게 사용하도록 지시해 두겠소. 당장 이 시간부터라도 시작해 주어야겠소."

"네. 잘 알겠습니다."

"에인즈레이!"

"옛!"

"저 젖은 옷을 가져가 말리도록 하게. 박사는 더 중요한 일을 하셔야지!"

"알겠습니다!"

에인즈레이 중위는 젖은 군복을 받아 들었습니다.

제독은 군인 특유의 자세인 체중을 뒤꿈치에 싣고 '뒤로 돌아'를 하자 정문을 향해 떠났습니다.

초능력 해저 인간

엘리자베스는 해양 개발 센터에 틀어박힌 지 몇 주일만에 처음으로 외출하여 친구인 필과 저녁 식사를 하고 있었습니다. 필은 해군 소령으로 잠수정 일을 맡고 있었습니다.

"그는 폐가 없다는 점만 빼고는 인간과 같아요. X선 촬영에 나타난 것은 늑막이나 폐엽이 아닌 아가미와 같은 막의 층이었거든요."

엘리자베스가 약간 흥분한 어조로 필에게 말했습니다. 필이 믿어지지 않는 표정으로 물었습니다.

"눈으로 직접 본 것은 아니잖아?"

"움직이는 것도 보았어요. 그는 수중에서 분명히 호흡해요."

"그래?"

"그는 물 속에 몇 시간이라도 있을 수 있어요. 호흡을 못 한다면 어림이나 있겠어요?"

“그렇다면 물고기잖아. 그 사내는 어떻게 물 속에서 호흡하지?”

“물고기의 아가미를 닮은 호흡기관이 있기 때문이지요.”

“잠수를 전문으로 하는 내 흥미를 계속 돋구기만 하는군.”

“이런 말은 안 해도 되겠지만, 이것은 모두 극비 사항에 속해요.”

“염려 놓으십시오, 박사님. 저도 당신이 속해 있는 해군의 소령임을 믿으십시오.… 그리고…세크에스트 호도 곧 바닷속

으로 떠날 것이니 나는 당분간 이 곳에 없을 겁니다."

"어머, 정말이세요? 어디로 가셔요?"

"확실한 것은 몰라요. 하지만 지금까지 잠수한 것보다는 더 깊숙히 잠수할 모양이오."

"언제쯤?"

"이번 주내에 출항이라는 점만은 확실해. 이것도 극비사항이야. 국방성에서 월요일에 명령이 하달 될 거야."

"잘 하셨어요. 무운을 빕니다. 잠수정도 아주 훌륭한 것이겠지요?"

"그래요. 최신식 잠수정이고 컨디션도 최상이오."

"이번에 귀향하면 더 많은 이야기 나누어요. 난 이만 돌아가야겠어요. 안녕, 필."

"그럼 또 만나요."

외출에서 돌아온 엘리자베스는 곧장 풀장에서 놀고 있는 마크에게로 향했습니다. 풀장에는 벌써 피아즈 제독과 에인즈레이 중위가 와 있었습니다. 엘리자베스가 미소지으며 마크를 불렀습니다.

"마크! 지금부터 당신의 스피드와 민첩성을 테스트하겠어요. 지금까지와는 달리 오늘은 제독께서 직접 확인하실 것이니 잘해 주어요."

마크는 미끄러지듯 돌고래를 가볍게 밀면서 함께 풀 저쪽 끝의 얕은 곳으로 갔습니다.

엘리자베스도 풀 속으로 들어갔습니다. 그녀는 장난을 시작하려는 돌고래를 달래면서 준비를 시켰습니다.

실험 조수가 한손에 벨을, 다른 손에 스톱 워치를 가지고 풀의 반대쪽 끝에 구부리고 앉았습니다. 곁에는 물고기가 가득 든 양동이가 놓여 있었습니다.

제독과 중위의 반대편 풀가에는 해군 작업복의 사나이가 영사기의 초점을 맞추고 그 조정이 끝나자, 엘리자베스에게 손가락을 세워 준비완료 신호를 보냈습니다.

"시작하겠습니다."

그녀가 고개를 들어 제독을 보았습니다. 제독이 고개를 끄덕이었습니다.

"준비? 마크!"

마크와 돌고래는 약간 간격을 두고 반대쪽 끝을 향했습니다.

엘리자베스는 손바닥을 펼친 손을 들고 마크와 돌고래가 일직선상에 있는가를 확인한 다음 폈던 손을 쥐었습니다.

조수가 벨을 울렸습니다. 마크와 돌고래는 번개처럼 앞을 향해 직진했습니다. 마크 몸의 율동은 돌고래보다 힘찼습니

다. 풀의 끝에 닿자 곧 몸을 틀어 조수가 있는 쪽으로 도착했는데 소요 시간이 수초에 불과했습니다. 조수의 스톱 워치는 마크가 몇분의 1초만큼 빨랐다는 것을 보여 주고 있었습니다.

제독은 기겁을 했습니다. 에인즈레이는 야무지고 민첩한 해군 장교답지 않게 벌어진 입을 다물지도 못하고 망연자실한 상태였습니다.

조수가 양동이에서 물고기를 한 마리 집어내어 풀에 던졌습니다. 재빨리 그 물고기를 잡은 마크가 똑같이 고기를 향해 뛰어올랐던 돌고래에게 다시 던졌습니다. 돌고래는 그것을 날름 받아 삼켰습니다.

엘리자베스는 제독에게 빙긋 웃어보였습니다.

"한번 더 보았으면 좋겠어. 박사."

믿어지지 않는다는 듯 제독이 말했습니다.

엘리자베스는 재차 테스트를 되풀이했으나 결과는 다를 것이 없었습니다.

"허어, 놀라운 속도로군, 박사."

제독은 엘리자베스가 풀에서 올라오는 것을 거들면서 신음에 가까운 소리로 말하고 있었습니다.

제독은 시선을 마크에게 돌리더니 정중하게 거수경례를 마크 허리스에게 보냈습니다.

"훌륭했어요. 마크."

그녀도 마크에게 외쳤습니다.

마크는 거꾸로 서서 발로 힘차게 물을 걷어차면서 깊숙히 물 속으로 들어갔습니다.

"그런데 메릴 박사. 이번에는 조금 복잡한 테스트를 보여 주오. 내일 아침 침몰선 인양테스트를 했으면 좋겠소. 그런데 마크는 준비가 어떤가?"

"언제라도!"

"오늘 오후에 시험 어뢰를 운하에 떨어뜨릴 거요."

어뢰라는 말에 엘리자베스의 표정에 잠깐 불안한 그림자가 스쳤으나 그녀는 아무 말 없이. 제독을 따라 실험실로 돌아갔습니다.

"나는 내일 발휘하게 될 그의 손과 팔의 힘에 큰 기대를 하고 있소."

"내일 모든 것을 알게 되겠지요."

"그렇군. 그럼 내일 만납시다. 박사."

그 날 밤 엘리자베스는 잠을 자지 못했습니다. 그녀는 마크의 여러 가지 특수한 재능과 능력을 발견해내서 그것을 제독에게 보고하는 것에 대해 강한 불안감을 느끼기 시작했습니다. 그러나 마크의 특성을 발견하고 그의 모든 것을 보고하고 기록하는 것이 그녀의 임무입니다.

한편으로는 내일이 기다려졌습니다. 특히 내일은 마크의 능력이 현실적으로 증명되는 날이며 그녀의 보고서가 허위가 아님을 입증하는 날이기도 합니다.

다음 날 이른 아침, 엘리자베스와 피아즈 제독 그리고 서너 명의 해군 장교들은 갑판에서 잠수장비를 점검하는 다이버의

모습을 지켜보고 있었습니다. 마크는 한쪽에서 팔짱을 끼고 태평양의 드넓은 바다를 지켜보고 있었습니다.

"박사, 차례가 온 것 같습니다."

제독이 엘리자베스에게 말했습니다.

"다이버, 준비는?"

두 명의 다이버에게서 OK사인이 왔습니다. 수중촬영 카메라를 들고 있던 그들은 엘리자베스가 신호하자 차례로 파도 밑으로 사라졌습니다. 다이버가 뿜어대는 거품이 서서히 부이를 향해 솟아오고 있었습니다.

엘리자베스는 스톱 워치를 들여다보면서 마크에게 다가갔습니다.

"준비됐어, 마크?"

마크는 엘리자베스를 한번 바라본 다음 뛰어들 자세를 취했습니다.

한 번 더 시계를 확인한 그녀가 제독에게 말했습니다.

"준비 완료! 다이버도 제 위치에 도착했을 것입니다."

제독이 소위를 향해 명령했습니다.

"작업선, 작업개시!"

소위가 뛰어갔습니다.

"뛰어들어요. 마크!"

마크는 물 속으로 물방울 하나 일으키지 않고 뛰어들었습니다.

엘리자베스와 피아즈 제독은 쌍안경으로 작업해역을 지켜보고 있었으나 아직은 아무것도 보이지 않았습니다.

해저에 대기하고 있던 다이버들의 수피트 밑으로 잠수 작업선이 접근하고 있었습니다. 은빛 작업선은 거대한 파충류가 해저를 엉금엉금 기는 것처럼 보입니다. 헤드라이트가 진로를 비쳐주었습니다. 마디가 있는 금속제 팔이 마치 거대한 새우의 집게처럼 보였습니다.

한 명의 다이버가 촬영기로 잠수 작업선을 뒤쫓아가면서 위에서 촬영을 했습니다.

또 하나의 다이버는 마크가 오는 것을 재빨리 발견하고 그에게 카메라 초점을 맞추었습니다.

마크는 머리를 이리저리 돌리면서 해저를 조사하고 있었습니다. 다이버 주위에는 거품이 쉴새없이 오르고 있지만 마크 입에서는 아무것도 나오는 것이 없었습니다.

마크와 작업선은 자신들이 목표로 하는 어뢰를 곧 찾아냈습니다. 50야드 간격으로 놓인 두 개의 어뢰는 한쪽이 진흙탕에 박혀 있었습니다.

작업선은 어뢰 근처에 위치를 정하자 곧 금속제 팔을 뻗었습니다. 금속이 어뢰에 부딪치고 둔한 소리를 냈습니다. 가위는 잠시 후퇴했다가 다시 천천히 어뢰를 끼어 안아 들어 올리려고 했으나 이내 떨어뜨렸습니다. 가위는 두 번이나 어뢰를 끼어 안는데 실패하더니 세 번째에야 겨우 들어 올리는데 성공했습니다.

한편 마크는 어뢰를 발견하자 곧 발판을 확보하더니 두 팔로 어뢰를 가볍게 끌어안아 단숨에 진흙탕에서 뽑아내고 해면을 향해 솟아올랐습니다.

잠수 작업선이 세 번째를 시도할 때 그는 이미 해면에 닿아 있었습니다. 엘리자베스와 제독은 쌍안경을 통해 마크가 어뢰를 끌고 지정된 선박을 향하는 것을 경탄하면서 지켜보고 있었습니다.

"해냈어!"

"으음!"

에인즈레이 중위가 신음소리를 냈습니다.

피아즈 제독의 입가에는 웃음이 떠나지 않았습니다.

마크는 서서히 엘리자베스가 있는 곳으로 헤엄쳐 왔습니다. 그리고 그녀를 올려보더니 또 작업선이 작업하는 쪽으로 고개를 돌렸습니다.

"괜찮아요. 마크."

그녀는 흥분해서 말했습니다.

"아주 훌륭하게 해냈어요. 나머지는 작업선이 해 줄 거예요. 마크!"

소위가 제독 곁으로 달려왔습니다.

"해저 작업 진행중, 해면에는 5분 후에 떠오를 예정!"

제독은 소위의 보고를 무시하고 엘리자베스에게 말했습니다.

"이만저만 놀라운 특성이 아니야. 박사, 필름이 나올 때까지 우리는 수압시험을 하도록 합시다."

그들은 조정실로 향했습니다.

여러 가지 기계가 바둑알처럼 널려 있는 조정실 테이블에 엘리자베스가 자리를 잡아 앉고 그 뒤에 제독과 중위가 서 있었습니다.

수압 테스트용 탱크에는 창문이 있어 내부가 훤히 보입니다. 탱크 바닥에는 각기 크기가 다른 3개의 드럼통이 쇠사슬로 묶여 줄지어 있었습니다. 드럼통 표면에는 '1만 8천피트(8,810평방인치)', '2만 4천피트(10,680평방인치)', '3만피트(13,350평방인치)' 라고 페인트로 쓰여 있었습니다.

조정실에서는 이들 탱크 내부의 드럼통에 쓰여 있는 조건의 압력으로 그것을 조정할 수 있는 것입니다.

마크가 드럼통 위에 모습을 나타냈습니다.

"테스트 개시!"

피아즈 제독이 주위를 둘러보며 말했습니다.

엘리자베스가 마이크에 대고 말했습니다.

"마크, 수압을 돌리겠어요!"

그녀는 심도계를 보면서 다이얼을 돌리기 시작했습니다.

"심도 1만 5천피트."

"2만으로?"

마크가 상쾌한 듯 헤엄치는 것을 창문을 통해 바라보면서 그녀는 마이크에 대고 말했습니다.

"마크, 이제 2만피트로 올릴 거예요!"

그녀는 다이얼을 돌리면서 심도계가 '1만 6천…' '1만 7천…' 으로 변해가는 것을 지켜보고 있었습니다.

마크는 전혀 수압을 느끼지 못하는 것 같았습니다. 그 특유의 뱀장어와 같은 몸짓으로 드럼통 위에서 상하좌우로 미끄러지듯 움직이고 있을 뿐이었습니다.

심도계에 눈길을 빼앗기고 있는 사이에 탱크에서는 하나의 변화가 일어났습니다.

'1만 8천피트' 라고 쓰인 드럼통이 안쪽으로 이그러지고 마침내는 푸석 무너져 버리더니 이내 납작해지고 말았습니다. 조정실의 세 사람은 숨소리도 내지 않은 채 계기에 나타나는 수압을 표시하는 숫자에서 눈을 뗄 줄 몰랐습니다.

숫자가 멈추었습니다.

"2만피트!"

엘리자베스가 침착한 목소리로 그 숫자를 읽었습니다.

창문을 통해 마크가 이그러진 드럼통을 바라보면서 천천히 헤엄쳐 다니는 것이 보였습니다.

"3만피트로!"

제독이 말했습니다.

"3만피트로가 될 거예요. 마크."

그녀는 다이얼을 돌렸고 심도계의 숫자는 어지럽게 변해갔습니다.

"2만 5천피트!"

그녀의 목소리는 긴장해 있었습니다.

두 번째의 드럼통인 '2만 4천피트' 라고 쓰인 드럼통이 이그러지더니 마침내는 짜부러지고 말았습니다. 마크는 고깃고깃 짜부러진 드럼통 옆으로 다가가 그것을 재미있다는 듯 보고

있었습니다.

"3만피트, 그대로 유지."

엘리자베스는 그렇게 말하고 심도계가 멈추는 것을 확인했습니다. 모두가 지켜보는 앞에서 최후의 드럼통이 구둣발로 짓눌리는 알미늄 캔처럼 짜부러 들기 시작했습니다. 마크가 그 주위를 맴돌고 있었습니다. 드럼통이 수압에 의해 완전히 납작해지고 말았습니다.

"못 믿을 일이군."

에인즈레이 중위가 한숨과 함께 중얼거렸습니다.

"3만피트나 4만피트나 그에게는 똑같은 모양이야."

제독은 힘주어 말했습니다.

"계기는 정확한가?"

"확인했습니다."

그녀는 계기의 하나하나를 손가락으로 가리키면서 확인했습니다.

"모든 계기가 3만피트를 가리키고 있습니다. 드럼통도 테스트 직전에 다시 한번 확인되었습니다."

"저 수압에서 더 견딜 수 있을까?"

"한 달도 좋습니다. …식량이 있으면 말입니다만…"

"필요하다면 더 깊게 잠수할 수 있겠지?"

"심도에 한계는 없는 것으로 추측됩니다. 어쨌든 심도에는 영향 받지 않으니까요."

"테스트 끝! 이제 마크는 우리들 해군에게 가장 귀중한 존재다. 조심하시오, 박사."

"그렇겠군요."

그녀의 목소리도 나직하게 가라앉아 있었습니다.

주어진 사명

엘리자베스는 연구실에서 어뢰 회수 작업의 필름을 검토하고 있었습니다. 그 때 노크 소리가 들렸습니다. 문을 열고 보니 에인즈레이 중위가 서 있었습니다.

"메릴 박사님, 피아즈 제독님이 곧 뵙고 싶다고 하십니다. 아마도 박사님의 물고기에게 무슨 임무가 주어질 것 같습니다."

그녀는 마크를 물고기라 부르는 중위에게 화가 치솟아 몸이 굳는 것을 느꼈습니다.

"그는 마크 허리스입니다. 그리고 그에게는…"

그러나 중위는 들은 척도 안 하고 앞장서서 걸으며 말했습니다.

"저를 따라와 주십시오."

그녀는 분을 가라앉히면서 중위의 뒤를 따랐습니다.

제독의 집무실은 바닥에서 천장까지 유리를 단 넓은 방으로 운하를 한눈에 볼 수 있었습니다. 벽에는 가지가지의 잠수함 모델 사진이 걸려 있었고 제독은 두툼한 책을 넘기고 있었습니다.

제독은 고개를 들어 그녀가 온 것을 알자 곧 책을 덮고 정중하게 말했습니다.

"앉으시오, 메릴 박사."

그가 버튼을 누르자 출입구에는 '극비 회의중' 이라는 붉은 글이 나타났습니다.

제독은 검은 가죽의자를 가리켰습니다. 엘리자베스가 앉자 중위는 문 앞에서 열중쉬어 자세로 섰습니다.

엘리자베스는 자리에 앉아 상체를 앞으로 내밀면서 말했습니다.

"중위 이야기로는 마크가 할 일이 생겼다던데요?"

"그렇습니다. 박사, 거두절미하고 용건으로 들어갑시다."

제독은 심각한 표정으로 명령하듯 단호하게 말했습니다.

"2주일 전, 우리는 마리아나 해구에서 세크에스트호를 잃었소."

그 말을 듣자 엘리자베스는 갑자기 숨이 막히는 것 같았습니다. 그녀의 친구인 필이 그 잠수정에 탑승하고 있었기 때문입니다.

“나는 그 사나이로 하여금 세크에스트 호를 수색하게 하고 동시에 승무원의 시체를 인도하려는 계획이오.”

“네? 세크에스트 호라고 하셨습니까? 그러면, 로스 소령은?”

그녀는 자신도 모르게 의자에서 반이나 몸을 일으켰습니다.

“박사는 로스 소령을 아시오? 아, 그렇지. 그도 당신과 한

계열의 전문가였지. 자, 침착하게 앉아서 이야기합시다."

제독이 상냥하고 부드럽게 권했습니다.

그녀는 막혔던 숨을 길게 내쉰 다음 말을 이었습니다.

"세크에스트 호가 마리아나 해구에서 침몰했다고 하셨지요?"

"그렇소"

제독은 그녀의 강한 의지와 직업 의식에 마음 속으로 감탄하면서 말했습니다.

"그 사나이. 마크라면 그 작업이 가능하리라고 생각합니다. 이것은 굉장히 중요한 사명입니다. 다른 친구들이라면 어림없는 일이겠지만 그라면 충분히 할 수 있을 것이오. 그것을 확신하는 것은 여기에 있는 우리들뿐이오."

"그렇군요."

"어쨌든 그로서는 누구도, 그리고 어떤 과학 기구도 해내지 못할 일을 해낼 수 있는 기회가 주어진 셈이오. 이것은 극비의 일이기도 하지만…"

제독은 책상 위의 두툼한 서류철을 손으로 가리켰다.

"이 서류는 마크에 대한 기록 화일이오. 우리는 이것을 '아트란티스 계획' 이라고 이름 붙이고 극비 취급하기로 결정했습니다. 우리들을 위해서도 그의 안전을 위해서도 필요한 조치

일 것이오."

"세크에스트 호는 어떻게 그렇게 되었지요?"

"해저 지진의 진원지를 조사하던 중, 3만 6천피트 해저에서 침몰했습니다. SOS도 또 다른 어떤 긴급사태를 알리는 발신도 전혀 없었습니다.

제독은 벽을 향해 돌아서며 침통한 어조로 말했습니다.

"더구나 우수한 인재까지도."

"물론이오. 나는 무엇보다도 그들이 더 아깝습니다."

그녀는 천천히 고개를 끄덕이었습니다.

"물론 수색하셨겠지요?"

"당연하지!"

제독은 벌떡 일어나 창가로 걸으면서 대답했습니다.

"최선을 다해 수색했지만 발견하지 못하고 말았소. 우리가 아는 것은 잠수정은 위치를 확인한 그 자리의 깊숙한 해저에 그대로 있다는 것 뿐이오. …그런데 그것을 탐지기로 확인하지 못하는 거야. 분초를 다투어 그 장소를 확인해야만 하는데도…"

거의 독백하듯 제독이 말했습니다.

그녀는 눈을 가늘게 뜨고 제독을 지켜보고 있다가 말했습니다.

"알겠습니다."

“현재 상태에서 우리가 취할 수 있는 모든 수단은 다했습니다. 따라서 즉각 그 사나이가 착수하도록 해야 할 것입니다. 먼저 잠수정을 발견해야 하고 거기에 인양 로프를 다는 일, 이것 두 가지입니다.”

“네.”

“모든 안전책은 내가 책임지고 강구하겠소! 작업 중에 그는 당신 감독하에 두겠고…이 시간 이후 그는 해군에 편성될 것이며 또한 보호되오.”

창백해졌던 얼굴에 핏기가 조금씩 살아나는 엘리자베스는 단호한 어조로 입을 열었습니다.

"그는 모든 지시에 아주 민감하고 그것을 주는 인간에게도 매우 민감합니다."

"박사, 모두 익히 아는 바이오."

제독은 침착하게 말하면서 책상에서 몸을 앞으로 내밀었습니다.

"그의 감수성, 유순함, 능력 등에는 모두 박사의 인격이 그대로 반영되고 있음을 알고 있소. 박사가 아닌 다른 사람에게는 반응하지 않는다는 것도. …그래서 꼭 박사 감독하에서 이 임무를 완수해야 하겠소."

엘리자베스는 제독의 시선을 비끼며 창 밖을 바라보았습니다. 그녀는 이윽고 천천히 제독을 향해 돌아서며 말했습니다.

"제독님, 모든 상황으로 미루어 판단하건데, 제독께서 직접 마크 허리스에게 그 임무를 의뢰하는 것이 좋으리라고 생각됩니다."

제독과 그녀는 서로 마주보았다. 제독이 고개를 끄덕거리며 말했습니다.

"그렇다고 판단한다면 내게 직접 의뢰하리다. 그런데 왜 그렇게 판단하셨을까?"

"이 임무는 제가 의뢰해서 하는 것이 아니고 제독의 의뢰라는 점을 분명하게 해두고 싶어서입니다."

"?"

"그러나 마크가 그 임무의 내용을 알게 되면 제게 지도와 원조를 바라리라고 생각합니다."

"그럼 이 임무의 감독을 맡겠다는 말이군."

"물론이지요."

그녀는 아무런 감정도 섞지 않고 말했습니다.

"마크 허리스에 관한 것은 제 임무입니다."

"마크에게 부탁하려면 나 혼자 가는 편이 좋을까?"

"적어도 저는 제외시켜 주셨으면 합니다. 어쩌면 그가 혼란을 일으킬지도 모르니 말입니다."

"원하는 대로 하겠소. 박사의 판단을 존중하오."

제독은 그 말과 함께 에인즈레이 중위에게 운전을 지시했습니다.

돌고래의 풀장 근처에서 차를 내리자 그 곳에는 무장 위병이 서 있었습니다.

중위와 제독이 풀장을 내려보자 마크가 풀장 밑바닥에서 쉬고 있는 모습이 보였습니다. 마크는 눈을 감고 있었으나 풀에 두 사람의 그림자가 비치자 눈을 뜨고 물끄러미 쳐다보았습니다.

에인즈레이가 몸을 내밀어 외쳤습니다.

"마크!"

마크는 들었는지 못 들었는지 꼼짝도 않았습니다.

에인즈레이는 입가에 두 손을 모으고 재차 소리쳤습니다.

"여보게 마크, 할 말이 있다!"

한동안 물끄러미 쳐다보기만 하던 마크가 비디오의 느린 동작처럼 풀 속을 선회하면서 수면으로 떠올라 얼굴을 내 놓았습니다.

제독이 낮게 입을 열었습니다.

"동편으로 뻗은 저 광대한 국토가 모두 우리나라라네. 정부가 이 나라를 지켜주고 있지. 나는 정부를 위해 일하는 사람이고, 나는 정부와 국민의 안전을 책임져야 한다네. 한편 우리를 좋아하지 않는 나라들이 있어서 우리를 해치려고 호시탐탐 노리고 있지. 나는 이런 나라로부터 이 나라와 국민을 지키기 위해 일하고 있다네."

마크는 여전히 바다 쪽에 시선을 던진 채로 있었습니다.

제독은 마크의 주위를 집중시키려고 몸을 앞으로 내밀었습니다.

"그 모든 것이 명령을 따름으로써 원활하게 수행되고 있는 것이라네. 어때? 내 말 알아듣겠나? 즉 명령이 중요하다는 것

인데…"

마크는 날카롭게 질문하는 눈초리로 제독을 보았습니다.

"오, 알만 한 게로군."

제독은 마크의 어깨를 가볍게 치면서 말했습니다. 마크는 제독의 손이 움직이는 대로 시선을 옮기고 있었습니다.

"자네는 여기 있는 동안 내 명령에 따라야만 되네. 내가 내리는 명령에 자네도 따라야 한다 이 말이야. 알겠나?"

마크는 침착하게 제독을 보고 있었습니다. 마크의 찌르는 듯한 초록색 시선에 제독은 침착성을 잃으며 허둥지둥 말을 이었습니다.

"그럼. 그 명령을…"

이 때 갑자기 마크가 수면 위로 벌떡 일어나 운하 쪽을 향해 걸어가기 시작했습니다.

"저런! 명령을 받으려는 찰나에 가버려? 멈춰!"

그러나 마크는 더욱 빨리 걸어나갔습니다. 에인즈레이 중위가 급히 호루라기를 불자 해군 헌병들이 달려왔습니다.

마크는 달려드는 헌병들을 가볍게 뿌리치고 철망으로 기어올라가려다가 심하게 기침을 하면서 굴러 떨어졌습니다. 후닥닥 일어난 마크가 운하를 향해 도망치기 시작했습니다.

"붙잡아라!"

에인즈레이 중위가 목쉰 소리로 고함쳤습니다. 그는 마크 뒤를 바짝 따르고 있었습니다.

헌병 한 명이 태클을 걸었습니다. 마크는 오른발이 그 헌병에게 붙잡혔습니다. 순간 마크 위에 서너명의 헌병들이 덮쳤습니다. 그리고 그 위에 계속 또 겹쳤습니다.

순식간에 겹치고 겹쳐 인산을 이루었습니다. 마크는 얼굴을 땅으로 향한 채 가쁜 숨을 쉬고 있었습니다.

제독이 허둥지둥 달려왔습니다.

"조심해! 상처내지 마라! 조심해!"

제독은 위에 겹쳐 있는 헌병들을 손으로 밀어젖혔습니다.

"함부로 다루지 마라! 그는 위험한 사람이 아니다. 그리고 너희 둘은 그를 일으켜 세워 주도록!"

헌병들이 마크를 일으켜 세웠습니다. 제독은 마크에게 아무런 상처가 없는 것을 보고 안도의 숨을 내쉬었습니다. 그러나 마크는 호흡이 곤란한 상태에 있었습니다.

"빨리 빨리! 풀로 데려가라!"

두 명의 헌병이 조용해진 마크의 어깨를 부축하고, 제독과 중위는 뒤따라 풀장으로 직행했습니다.

풀장으로 들어간 마크는 미친 듯이 풀 주위를 헤엄쳤습니다. 화가 몹시 치민 듯 산혹 발로 물노 찼습니다. 마크를 삼시하는 두 명의 헌병이 튕겨오는 물벼락을 피하느라 이리 뛰고 저리 뛰었습니다.

엘리자베스가 급히 연구실에서 뛰어나와 물가에 무릎을 꿇고 마크를 불렀습니다.

"마크!"

마크는 잠깐 속도를 늦췄으나 곧 맹렬한 기세로 다시 헤엄치기 시작했습니다.

"마크, 부탁이에요. 내 말 한 마디만."

그녀는 참을성 있게 기다렸습니다. 마크는 그녀에게는 물장구를 치지 않았습니다.

마크가 점차 속도를 늦추었습니다. 그리고 바닥에 누워 그녀를 올려다보았습니다.

엘리자베스도 그를 내려다보았습니다.

"마크, 내 이야기를 들어주겠어요?"

마크는 천천히 원을 그리며 떠올라 풀의 중앙에 얼굴을 내밀었습니다.

“마크, 당신과 제독이 무슨 말을 했는지 정확하게 모르지만 제독이 어디서 당신에게 실수한 것임에 틀림없어요. 그 실수는 나와 아무 관계가 없어요. 그러니 처음부터 다시 이야기를 시작했으면 해요.”

그는 아직도 풀 중앙에서 목을 내밀고 있을 뿐이었습니다. 녹색 눈이 빛을 뿜었습니다.

엘리자베스는 반응 없이 차갑게 빛나는 마크의 눈을 보고 가볍게 입술을 깨물었습니다.

“제독은 나쁜 사람이 아닙니다. 달아나는 마크를 쫓게 한 것은 마크가 너무나 소중하기 때문이에요. …제독은 그렇게 밖에 할 수가 없었던 것이지요. 혼내 주려고 생각한 것도 아닐 거예요. 어디 다치진 않았지요?”

그녀는 마크의 대답을 들으려는 듯 잠시 말을 끊었습니다.

그는 여전히 그녀의 얼굴을 무표정하게 쏘아보고 있었습니다. 그러나 얼마 후 표정이 다소 부드러워진 것처럼 보였습니다. 물론 다른 사람이라면 그러한 변화를 전혀 알아차리지 못했을 것입니다.

마크는 천천히 그녀가 있는 곳으로 다가왔습니다.

"마크, 들어 주세요. 나는 제독과 어떤 일을 하려고 해요. 이 일을 위해 제독과 나는 협정을 맺었어요. 즉 우리 둘과 제독 사이에 말이에요. 마크가 인정해 준다면 이 협정에 동의해 주기를 바래요. 그러면 우리들은 그 협정을 무슨 일이 있어도 지킬 거예요."

마크는 이제 그녀의 바로 앞까지 와 있었습니다.

"나를 믿어 주겠지요?"

마크는 느릿느릿 팔을 마주 뻗어 그녀의 손에 자신의 손을 댔습니다.

제독 집무실에는 세 사람이 모여 있었습니다.

제독은 커다란 자기 책상 앞 의자에서 두 주먹을 쥐고 주먹에 턱을 받치고 있었습니다.

맞은편에는 엘리자베스가 의자에 앉아 있었습니다.

마크는 선그라스에 푸른 해군 작업복 차림으로 두 사람에게 등을 돌리고 창 밖으로 선창에 떠 있는 선박들을 바라보고 있습니다.

문앞에는 '극비 회의'를 나타내는 붉은 등이 켜져 있었습니다.

마침내 침묵을 깨뜨리고 제독이 입을 열었습니다.

"박사는 어려운 조건을 내세우고 있소."

그녀는 침착하게 그 말을 받았습니다.

"하지만 마크도 그 소원이 풀어진다면 기꺼이 잠수정 수색에 협력하리라고 생각합니다. 마크를 넓은 저 바다로 돌려보내는 것이 당연합니다."

"그는 피로에 지쳐서 해변에 늘어져 있었고 죽은거나 다름없는 상태였다고 보고하지 않았소? … 그를 바다로 돌려보낸다는 것은, 잡은 원숭이를 정글로 보냈다가 또 잡으려는 결과가 될 것 같은데? 그렇지 않을까?"

엘리자베스는 두 사람에게 등을 돌리고 그리운 듯 바다만 들여다보는 마크를 쳐다보며 말했습니다.

"아닙니다, 저로서는 그를 바다로 돌려보내는데 조금도 불안을 느끼지 않고 있습니다. 제독은 그를 신뢰하기만 하면 됩니다."

"더구나 그를 감독하는 사람은 박사 한 사람이고?"

"네, 저도 신뢰해 주셔야겠습니다. 더구나 그가 신뢰하는 것은 지금 저 하나입니다. 이 점은 이미 잘 아시리라 믿습니다만…"

한동안 무거운 침묵이 흘렀습니다. 두 사람은 서로 시선을 피하고 있었습니다. 먼저 입을 연 것은 제독이었습니다.

"아마도 박사 말이 옳을 것이오. 서로의 입장에서도."

제독은 그 말과 함께 책상 위의 파일을 펼쳤습니다. 그리고 몇장의 사진을 꺼내 책상 위에 늘어놓았습니다.

"이것이 침몰한 잠수정이오."

엘리자베스가 책상 앞으로 가까이 가며 마크를 불렀습니다.

"마크!"

그가 돌아보자 그녀는 책상 위의 사진을 가리키면서 부드럽게 말했습니다.

"이것은 마크가 찾아야 할 것의 사진입니다."

마크도 세크에스트 호의 사진을 넘겨다 보았습니다. 마크의 시선은 곧 두 명의 승무원 사진으로 옮겨갔습니다. 마크는 잠수정과 두 명의 승무원 사진을 번갈아 보았습니다. 그것들을 모두 기억해 두려는 것 같았습니다.

마크의 시선이 제독에게 옮겨갔습니다.

제독이 말했습니다.

"잠수정에는 두 명의 승무원이 있네. 필립 로스 소령과 데이비스 헨드릭 소령이야. 이 잠수정과 두 명의 시체를 찾아주어야겠어. 물론 잠수정을 찾으면 모두 찾아지겠지만…"

마크의 시선이 엘리자베스에게로 옮겨왔습니다.

제독이 말을 이었습니다.

"이것을 발견한다면 자네의 요구에 응낙할 수 있겠네."

엘리자베스의 몸이 굳었습니다.

"저는 요구하지 않았습니다. 단지 마크의…"

"그럼 뭐였지? 박사!"

제독의 말에 그녀는 두 주먹을 불끈 쥐고 카랑카랑한 목소리로 외쳤습니다.

"그에게도 자유로이 살아갈 권리가 있습니다."

"그런 것은 천 번, 만 번 알고 있소."

제독의 목소리도 높아졌습니다. 제독이 벌떡 일어나면서 외쳤습니다.

"그러나, 그 무례한 요구는 안 받아들이겠다."

제독은 책상을 주먹으로 쾅쾅 내리쳤습니다. 두 사람은 서로를 노려보았습니다.

그 때였습니다. 마크가 손을 뻗어 제독의 주먹을 눌렀습니다.

제독이 놀란 나머지 자신이 성냈던 일을 잊은 듯 시선이 마크의 주먹을 거쳐 얼굴까지 갔습니다.

마크는 다른 손을 조용히 엘리자베스의 어깨에 얹으며 말했습니다.

"해 보자!"

마크의 목소리에 두 사람은 펄쩍 뛸 정도로 놀랐습니다. 처음으로 입을 뗀 마크에게 놀라서 두 사람은 모두 어안이 벙벙하여 입이 열리지 않았습니다.

마크는 혼자서 고개를 끄덕거리고 나더니 제독과 엘리자베스의 얼굴을 차례로 보았습니다. 얼굴은 무표정했으나 두 사람을 누른 그의 손에는 힘이 주어져 있었습니다.

"나는 해내겠어."

실내에는 벌레 소리조차 들리지 않았습니다. 미그는 제독을 누르던 손을 어깨로 가져갔습니다. 그리고 두 팔로 눌러서 두 사람을 각각 자리에 앉게 했습니다.

마크는 책상 위의 사진을 내려다보면서 다짐하듯 다시 말했습니다.

"나는 세크에스트 호와 당신의 부하들을 찾겠다."

3만 피트 해저

엘리자베스와 피아즈 제독은 마크가 말을 할 수 있는 기능이 있다는 것을 이미 알고 있었습니다.

그러나 여태까지 입을 다물고 있다가 왜 갑자기 말문을 열었는지는 알 수 없었습니다. 참으로 이상한 일이었으나 마크는 거기에 대해 아무런 설명도 하지 않았습니다.

어쨌든 그가 자기 생각을 말하게 되자 출항 준비는 더욱 빠르게 진행되었습니다. 말이 통하게 되니까 그만큼 시간이 절약된 것입니다.

그러나 마크는 묻는 말에만 짤막하게 대답하고는 거의 입을 다물고 지냈습니다.

바다 밑 탐험에 쓰일 배는 '문 리버 호' 였습니다.

문 리버 호는 한동안 출항 준비를 하느라 북적거렸습니다. 땅 위에서 짐을 끌어올리는 소리, 여기저기에서 망치질하는 소리, 거기에다가 선원들의 고함소리까지, 배 안은 장터만큼

이나 소란스러웠습니다. 그러나 모든 준비가 끝나자 갑자기 고요가 찾아왔습니다.

엘리자베스와 마크가 갑판 위로 올라갔습니다.

잠수 기구를 손질하던 사나이가 아는 체를 하면서 일어섰습니다. 그는 기름투성이의 손을 닦아내면서 말했습니다.

"어서 오십시오. 메릴 박사님이시죠?"

엘리자베스는 미소를 지으면서 그에게 마크를 소개했습니다.

"인사하세요. 이 사람은 마크 허리스랍니다."

"아, 예, 말씀은 이미 들었습니다. 저는 잠수부들의 대장 어니 데이비스입니다."

"환영해 주셔서 고맙소."

선글라스를 걸친 마크는 신기한 듯 주위를 둘러보며 대답했습니다.

어니는 그녀에게 부드러운 미소를 보내면서 말했습니다.

"잠수는 저 사람이 하는 건가요?"

"그래요, 데이비스 대장."

"다시 한 번 두 분을 환영합니다."

"고마워요."

"그럼 존슨 함장을 소개하겠습니다. 이리 오시지오."

어니는 함장인 존슨 소령이 있는 갑판으로 두 사람을 데리고 갔습니다.

데이비스가 엘리자베스와 마크를 소개하자, 함장은 두 사람을 위아래로 훑어보는 것이었습니다. 그러고는 딱딱한 말투로 잠수에 대한 이야기를 시작했습니다.

"이 어니가 마크와 함께 잠수하게 된다. 2백 피트까지인데 잠수 기구는 준비했나?"

"마크는 새로운 잠수 기구를 사용할 것입니다."

엘리자베스가 마크를 대신하여 대답했습니다.

"지금까지의 기구는 너무 무거웠어요. 그래서 가벼운 것을 사용하려고 합니다."

"그래? 우리는 일에 쫓겨 새로운 잠수 기구를 시험할 짬도 없단 말이야. 안 그런가, 어니?"

어니가 그렇다는 듯 고개를 끄덕였습니다.

존슨 함장은 엘리자베스 쪽으로 눈길을 돌렸습니다.

"마크에게 산소통을 달지 말라는 제독 각하의 명령을 들었는데 그게 사실입니까?"

"그렇습니다. 사실이에요."

존슨 함장은 마크를 흘깃 쳐다보며 계속 물었습니다.

"2백 피트 이상은 위험한데도?"

"마크는 괜찮습니다."

그녀는 자신 있다는 듯 말했습니다.

"새 잠수 기구가 그렇게 만들어져 있습니다. 이 기구는 무엇보다도 행동이 자유로워야만 합니다."

"그 장소만은 위험할 텐데."

"걱정 마세요. 우리는 명령대로만 움직이면 됩니다. 그런데 그 장소에 무슨 문제가 있나 보죠?"

"그렇고말고."

존슨 함장은 뒤통수를 긁으면서 말했습니다.

"잠수할 지점이 세코에스트 호가 사라진 바로 그 장소란 말씀이야."

"그것은 알고 있습니다."

"작년에는 소련의 잠수함까지 그 곳에서 행방불명되고 말았지. 그보다 앞서서는 프랑스의 잠수함이 없어졌고…. 어쨌든 위험하기 짝이 없는 곳이야."

엘리자베스가 발끝으로 갑판을 두드리면서 존슨 함장에게 미소를 보냈습니다.

"이 잠수함은 매우 훌륭해 보이는군요. 아마 마크는 틀림없이 임무를 잘 해낼 거예요."

"그러나 산소통이 없다면 뜻밖의 사고가 일어나더라도 우리로선 손을 쓸 수가 없어. 잘못하면 목숨이 위태로워질지도 모르잖나!"

"그 정도는 이미 각오하고 있어요."

"함장, 조금도 걱정할 필요 없소."

마크가 끼어 들며 말했습니다.

존슨 함장의 얼굴이 갑자기 딱딱하게 굳어졌습니다. 곧이어 그는 한 시간 후에 출항한다는 말을 남기고 어디론가 사라져 버렸습니다.

엘리자베스와 마크는 각자 자기의 선실로 들어갔습니다.

잠시 후, 배가 항구를 출발한다는 신호음이 들렸습니다. 그리고 조용히 몸이 떠오르는 듯한 느낌이 전해졌습니다. 이미 배가 바다 한가운데 나온 것입니다. 잠시 후 엘리자베스가 마크의 방으로 찾아갔습니다. 마크는 유리창을 통해 바닷속을 들여다보고 있다가 그녀를 보자 빙그레 미소를 지어 보였습니다. 두 사람은 말없이 바닷속을 구경하였습니다. 이윽고, 엘리자베스가 주저하면서 입을 열었습니다.

"마크, 이것을 받아 주세요."

그녀는 주머니에서 플라스틱 작은 상자를 꺼내어 뚜껑을 열었습니다. 그 속에는 조그마한 결정체가 들어 있었습니다.

마크는 그것을 물끄러미 바라보더니 다시 그녀를 바라보았습니다.

엘리자베스는 조심스럽게 그 결정체를 집어 자신의 손바닥에 놓으며 설명하였습니다.

"이것은 소형 발신기예요. 전파는 수중에서도 전해지기 때문에 이것을 삼키고 있으면 마크가 아무리 깊은 곳에 가 있어도 마크의 위치를 정확하게 알 수 있답니다. 내일 마크가 이것을 삼키고 바닷속에 들어가 주었으면 싶어요."

그녀는 약간 긴장하면서 말했습니다.

"꿀꺽 삼키기만 하면 돼요. 조금도 어렵지 않아요."

그녀는 발신기를 마크 쪽으로 내밀었습니다. 그러나 그는 받으려고 하지 않고 그녀를 쳐다보고 있을 뿐이었습니다.

"이해해 주세요. 마크를 못 믿어서가 아니고 안전을 확인하

려는 것이에요."

여전히 그는 그녀를 지켜볼 뿐 손바닥에 놓인 발신기를 받으려고 하지 않았습니다.

"이 수신기는 마크를 물 밖으로 끌어내지도 못하고 잡힐 만한 어떤 신호를 보내지도 않아요, 하지만 무슨 사고가 생겨 도움을 필요로 할 때 마크가 어디 있는가를 곧 알 수 있답니다. 그러니 이것을 삼켜요. 부탁이에요."

마크의 시선이 그녀의 손바닥으로 내려갔습니다.

그리고 신중하게 그 결정체를 집었습니다.

"이해해 주어 고마워요."

"다 알고 있는 것은 아니야. 그러나… 나는 당신을 믿어요."

마크는 힘주어 천천히 말했습니다.

마리아나 해구에 새벽이 찾아왔습니다. 문 리버호가 지금 떠 있는 바다의 해저는 35,630피트나 되는 깊이 입니다.

잠수 준비는 첫동이 트기 전부터 시작되고 있었습니다. 갑판에서 크레인이 삐걱거리면서 무거운 장비를 매달아 옮기고 있었습니다.

마크와 어니가 하갑판으로 나왔습니다. 조수 두 명이 재빠르게 잠수구를 운반해왔습니다.

어니와 마크는 똑같이 호흡 조절기와 광각도의 잠수 마스크를 썼습니다. 단지 등에 업은 탱크만은 달랐습니다. 어니는 두 개가 한 조로 된 산소탱크였으나 마크의 등에는 검은색의 정사각형 고무상자였습니다.

어니가 호흡 조절용 파이프를 입에 물고 호흡량을 조절하자 조수가 옆에서 계기를 점검하였습니다.

엘리자베스도 마크에게 바싹 가까이 가서 그의 마지막 점검을 도왔습니다.

"준비 완료!"

그녀는 손을 떼면서 말했습니다.

마크가 엘리자베스를 쳐다보며 고개를 끄덕였습니다.

"이 곳은 OK!"

어니의 조수가 고함쳤습니다.

어니가 마크에게 신호를 보내자 마크도 어니에게 같은 신호를 보냈습니다.

헤드폰을 귀에 덴 장교가 크레인 운전병에게 강하 사인을 보냈습니다.

어니와 마크가 탄 플랫폼은 강하를 계속하고 드디어 해면에 닿더니 곧 바닷속으로 사라졌습니다.

엘리자베스는 깊숙히 숨을 들이마셨다가 길게 토하면서 눈을 부비고 선내에 설치된 관제실로 향했습니다.

크레인에 매달려 내려가는 플랫폼은 매우 천천히 내려가고 있었습니다. 그들은 자신들을 보고 놀라 재빨리 달아나는 물고기를 물끄러미 바라보고 있었습니다. 마크는 어니가 하는 행동을 모두 흉내내고 있었습니다. 어니가 손목의 계기를 조사하면 마크도 자신의 손목을 들여다보며 만지작거렸습니다. 어니가 잠수 마스크의 위치를 바꾸면 마크의 마스크 위치도 달라졌습니다.

점차 바다 색이 변화하기 시작했습니다. 30피트를 지나가자 붉은색이 없어졌습니다. 35피트 깊이에서는 오렌지색이 없어졌습니다. 80피트 깊이에서는 녹색이 거무스레하게 변했고 90피트에서는 고기를 포함한 모든 부유물이 짙은 회색으로 변했습니다.

나란히 선 그들은 밑으로 한없이 펼쳐진 심연을 지켜보고 있었습니다. 칼날 같은 단애(깎아지른 듯한 낭떠러지)가 흐릿하게 보이던 것이 차츰 뚜렷해지기 시작했습니다.

마이크에서 희미한 호출음이 들려왔습니다. 어니는 관제실에서 들려오는 엘리자베스의 목소리를 들었습니다.

"현재 심도 1백50피트."

날카로운 협곡의 벽이 불쑥 눈앞에 나타났습니다. 각양 각종의 고기 떼가 어지럽게 엇갈리는데 어니에게는 모두 회색으로 보였습니다. 플랫폼은 완만한 하강을 계속하곤 있었습니다.

다시 엘리자베스의 목소리가 들렸습니다.

"2백피트. 침하 정지! 관제실 상태 양호. 이상 없음. 2백피트 지점에 도착, 행동 개시."

어니는 손목의 계기를 조사하고 호흡조절기를 점검했고, 마크 곁으로 와서는 그의 팔을 쳐서 엄지손가락을 세워 보였습니다.

"좋아, 마크. 심도 2백. 이상 없음. 지금부터 부근 조사 착수."

어니는 눈앞에 펼쳐진 바다를 가리키고 마크는 알겠다고 고개를 끄덕거렸습니다.

어니는 산소호흡기의 이음새를 살핀 후 두리번거리며 마크를 찾았습니다. 자신의 등뒤에 있는 마크를 본 순간 어니는 기절할 정도로 놀랐습니다. 어니는 너무 놀라 안색이 창백하게 변했습니다.

마크가 호흡조절기 파이프를 입에서 빼내고 있었던 것입니다.

“무시무시한데…이 녀석한테 무엇을 어떻게 했는지 모르지만…내게도 그런 장치를 해 주었으면….”

마크에게서 눈을 떼지 못하고 중얼대는 어니는 자신이 정말이지 환각 속에 있는 것 같았습니다.

마크의 머리와 얼굴이 완전히 바닷물에 잠겼습니다. 머리카

락이 흔들흔들거리며 바닷물과 어울렸습니다. 입에서 기포를 내놓지도 않았습니다.

마크는 재빨리 회색 바다로 미끄러지듯 나갔습니다.

넓은 바다로 나가자 유연하게 몸을 틀며 공중회전을 보여주었으며 몸을 뱀장어처럼 휘었다가 펴며 앞으로 지쳐 나가기도 했습니다. 마크는 마치 기뻐 날뛰는 것처럼 보였습니다.

그는 헤엄치기를 그치더니 어니를 향해 손을 흔들었습니다. 넋이 나간 어니가 가까스로 손을 들자 곤두박질쳤습니다. 멍해 있는 어니의 시야에서 마크는 순식간에 사라졌습니다.

마크가 해저로 사라진 것을 확인한 어니는 처음으로 자기 머리카락이 곤두선 것을 느꼈습니다. 그리고 떨리는 목소리로 중얼거렸습니다.

“굉장한 녀석이나.”

한편 관제실 심도계의 숫자는 쉴 사이 없이 바뀌어 갔습니다. 2천, 3천, 4천 탐지기가 발신음을 포착하기 시작했습니다.

심도계의 숫자는 계속 올라갔습니다. 드디어 1만 피트 대를 넘어섰습니다. 잠시 후 다시 1만 5천, 2만…. 그녀는 뒤에 서 있는 위병이 긴장하는 것을 보지 않아도 느낄 수 있었습니다.

마크는 하강을 계속하였습니다. 그는 험준한 협곡의 벽을 따라 꿰매듯 이리저리 헤엄치듯 나아갔습니다. 때때로 원을 그리며 주위 상황을 유심히 관찰하던 그는 마침내 방향을 결정한 듯 한동안 수평을 유지하고 곧바로 나아갔다가 어느 지점에서 재차 진로를 아래로 바꾸었습니다.

마침내 마크는 해상(바다의 깊은 바닥)에 거의 닿았습니다. 그는 뱀장어와 같은 굴신 동작으로 주위를 헤엄치면서 지형을 조사하더니 적당한 자리에 발을 내렸습니다.

현대식 거리 단위로 어느 정도의 깊이에 도착했는지 환산할 길은 없었으나 해저 생활의 감각으로 어느 정도의 심도인가는 거의 정확하게 알았습니다.

엘리자베스 눈앞의 심도계는 3만 5천 피트를 나타내더니 그 심도에 그대로 정지하고 있었습니다.

마크는 그 제자리에서 주위를 살피고 있었습니다. 그는 자기를 감싼 협곡의 벽면을 천천히 그리고 세밀하게 조사했습니다. 마크는 그 자리의 밑바닥에서 이상한 소리를 들었습니다. 마치 물건을 미어치는 듯한 날카로운 고음이었는데 썩 기분이 좋지 않은 소리였습니다.

마크는 지정된 해저에까지 아직 이르지 못한 것을 알고 있었지만 그 자리의 벽면을 눈과 손으로 하나 하나 확인하면서 그 중 하나의 바위에 귀를 바싹 댔습니다. 소리는 바위를 통해

전보다 더 높이 들려 왔습니다.

마크는 망설임 없이 단층의 바닥을 향했습니다. 그는 하강을 계속하면서 단층의 벽면에 날카로운 시선을 보냈으나 최근에 새겨진 흔적, 즉 침몰하는 잠수정이 긁어낸 흔적은 발견할 수 없었습니다.

그는 단층 벽면을 재차 날카롭게 조사하면서 때때로 들려오

는 그 괴이한 음향에 귀를 기울이기도 했습니다.

마크는 수중에서 서서히 떠오르는 대로 몸을 맡기고 계속 귀를 기울였습니다.

계속해서 들려오면 기이한 음향이 점차 가까워지고 있었습니다. 얼마전까지는 멀리만 들리던 음향이 가까이 다가오고 있었습니다.

그 음향은 처음에는 아주 둔한 것이었으나 점차 높은 비명음도 섞여 들렸습니다. 금속성 음향이었습니다.

잠시 후에는 분명하게 알아들을 수 있게 되었습니다. 둔한 음향은 프로펠러가 물을 휘젓는 소리였으며 비명음은 전기 모터 소리였습니다.

갑자기 작은 생물들이 흩어졌습니다. 마크는 그 음향의 정체를 알아냈습니다.

최초로 눈앞에 보인 것은 그의 바로 위를 비쳐오는 한가닥 조명이었습니다. 그것은 수평으로 그의 위를 미끄러져 가고 있었습니다. 마크는 그 전체의 모양을 눈에 담았습니다.

그것은 작은 창문이 달린 구형 잠수기 네 개를 하나로 묶은 형태의 검은 잠수정이었습니다. 둥근 모양의 원추형 사령탑이 있었고 두 개의 회전하는 스크루로 전진하고 있었습니다.

그러나 그 잠수정은 마크가 찾으려는 것은 아니었습니다.

그가 보았던 어떤 잠수정과도 형태가 달랐습니다. 그 잠수정은 마크의 위를 지나 멀어져가고 있었습니다.

마크는 이 잠수정이 자기 사명과의 관계가 있는가를 이 순간에 판단하고 결단을 내려야했습니다. 여러 가지 생각이 순간 마크의 머릿속에 번쩍였습니다.

마크는 잠수정을 추적하기로 결단을 내렸습니다. 그는 스크루가 만드는 소용돌이를 피해 잠수정 밑에 찰싹 붙었습니다.

관제실의 엘리자베스는 자신의 눈을 부볐습니다. 그녀는 녹색 스크린에서 움직이는 은색의 점을 쫓고 있었습니다.

그 때 새로운 백색 점이 스크린에 나타났고 그것은 천천히 움직이면서 마크에게 다가가고 있었습니다.

마크는 잠수정과 함께 바위 끝을 이리저리 돌아 우뚝 솟은 봉우리 사이를 가고 있었습니디.

그 때 전방에서 한줄기 조명이 뻗쳤습니다. 잠수정은, 그대로 전진을 계속했습니다. 잠시 후, 제2의 조명이 비쳤고, 제2의 조명이 뒤를 이어 비추자 그 광선들은 전방에 삼각형을 그려냈습니다. 잠수정은 서서히 그 삼각형 중심을 향하여 전진했습니다.

탐지기의 발신음이 마크에게도 들려왔습니다. 그 발신음은 잠수정이 삼각형의 중심에 접근할수록 커졌습니다.

삼각형 조명이 뒤로 사라지자 전방에 불이 켜진 가로등이 2열로 줄지어 나타났습니다. 마치 착륙하려는 비행기에 착륙 지점을 지시하는 비행장 활주로 같았습니다.

잠수정은 일정한 속도로 점등 행렬 사이를 나아갔습니다.

전방에 바위를 도려내어 만든 거대한 철문이 보였습니다. 잠수정이 속도를 낮추었습니다. 마크는 그 뒤에 찰거머리처럼 붙었습니다.

잠수정은 제집 안방에 들어가듯 아주 천천히 심도를 조정하면서 거대한 철문을 향했습니다. 거대한 동굴 내부는 마크가 본 개발센터 내부처럼 대낮과 같이 불빛이 휘황찬란했습니다.

잠수정이 내부로 들어갔습니다. 잠시 생각하던 마크는 재빨리 잠수정을 따라 수문 안으로 들어갔습니다. 수

문은 천천히 닫혀지고 마크는 가까스로 수문 안으로 들어갈 수 있었습니다.

마크는 수면에 얼굴을 내 놓았습니다. 순간 밝은 조명 때문에 마크는 눈앞이 캄캄해졌습니다.

엘리자베스는 입술을 꼭 깨물고 뚫어지도록 스크린을 노려보며 묵묵히 앉아 있었습니다. 수분 동안 마크의 은색 점은 정체불명의 괴물체를 추적하고 있었습니다. 그녀는 두 개의 점이 함께 행동하는 상태로 미루어 마크와 괴물체가 해저의 협곡을 나아가고 있음을 추측할 수 있었습니다.

그러나 갑자기 탐지기의 발신음이 끊어지고 말았습니다. 스크린의 두 점이 지워져버리고 공백만 남았습니다. 그녀는 너무 놀라 허둥지둥, 다이얼을 이것지것 더듬었습니다. 그러나 잃어버린 두 점은 끝내 나타나주지 않았습니다.

"마크가 사라졌다."

그녀는 힘없이 낮은 목소리로 말했습니다. 마크가 깊은 해저에서 모습을 감춰버린 것입니다.

슈우벨트의 야망

마크가 안내 받아 들어간 실내에는 침대에 화장대, 거울, 찬장에 샤워실까지 있었습니다.

슈우벨트 소장이 문을 닫고 나가자 마크는 곧 실험복을 벗어 던지고 샤워실로 들어갔습니다. 그가 필요로 하는 것은 휴식이 아니라 물이었기 때문입니다.

마크는 아직 이 해저 연구소가 세크에스트 호의 행방불명과 관계가 있는지 없는지에 대해 확신이 서지 않았습니다.

그러나 이 슈우벨트의 연구소는 마크의 조사 해역 범위 안에 있었습니다. 만약 세크에스트 호가 해군에서 생각하는 장소에 침몰해 있다면 적어도 슈우벨트는 그것에 대해 잘 알고 있을 것입니다.

그는 슈우벨트에게 왜 자기가 여기에 왔는지를 밝히지 않았습니다. 그것은 슈우벨트 정체를 아직 몰랐기 때문이었습니다.

마크는 몸의 물기를 닦고 침대에 누워 노크를 기다렸습니다. 슈우벨트는 이 연구소 내부를 소개하겠다고 약속했기 때문입니다.

문에 노크 소리가 들려왔을 때 마크는 슈우벨트가 내어준 실험복을 입고 있었습니다. 문이 열리면서 자신이 입은 것과 같은 백색 실험복을 입은 안색이 창백한 사나이가 들어와 말했습니다.

"저를 따라오십시오."

그들은 통로를 지나 커다란 철문 앞에 서자 철문이 스르르 소리도 없이 올라갔습니다. 그는 마크에게 안으로 들어가라고 손짓했습니다. 마크가 들어가자 문은 저절로 닫혔습니다.

철문 안은 거대한 동굴이었고 탱크와 전자기계가 수없이 많았으며 수많은 과학자가 바삐 움직이고 있었습니다.

과학자들은 카드에 숫자를 기입하고, 버튼을 누르기도 하고, 레버를 잡아당기거나 핸들을 돌리고 있었습니다.

슈우벨트가 "여어" 하고 소리치면서 미소를 띄우고 나타났습니다.

"마크 허리스. 이런 실험실은 처음 볼 걸세. 세계에 둘도 없는 설비니 말이야. 여기에서 하는 실험은 이 지구상의 생명 구조를 변경하는 일이라네."

그는 마크의 등을 밀면서 바다거북이 느릿느릿 헤엄치고 있

는 수조 앞까지 왔습니다.

"여기서 연구되고 있는 것은, 인류의 미래에 대해서라네. 인류의 미래는 육지가 아닌 바다라네. 지구의 4분의 3은 바다가 아닌가, 육지는 영원한 것이 못되지. 지금도 대륙은 이동을 계속한다네. 아메리카 대륙이나 아프리카 대륙도 어떤 방향으로 계속 미끄러져 나가고 있다네. 내가 말하고 싶은 것은, 바다에는 에너지가 가득 찼고 보다 영양이 풍부하다는 것일세. 지상보다 거대한 포유동물이 있는가 하면 산도 지상의 것보다 월등 높지. 해양시대는 예상보다 훨씬 빠르게 다가올 걸세. 왜냐구? 그것은 우리가 지금 그 시대를 창조하고 있기 때문이지. 우리는 인류 최초의 해저왕국, 협동체를 개발하고 있다네. 어때 조금은 놀랐는가?"

그는 자신에 찬 몸짓을 해보였습니다.

"여기서 우리는 쾌적한 생활을 즐긴다네. 공기는 깨끗하고 언제나 할 일이 있으며 매일 영양가 높은 음식물을 섭취한다네. 더구나 이 일은 인류 최초, 최대의 도전이 아닌가? 우리가 곧 이 왕국을 확장할 걸세. 지금은 세계의 한구석에 불과하지만 이미 해양시대는 코앞에까지 다가왔지. 인류는 바다의 도움으로 평화롭고 아늑한 생활을 영원히 할 수 있는 걸세. 어떤가, 흥미가 생기나?"

마크는 대답하지 않았습니다.

마크는 자신의 호흡이 점점 가빠오는 것을 느꼈습니다. 어느 새 손 끝도 색이 변해가고 있었습니다.

슈우벨트는 이제 흥분하여 양손을 흔들어대며 이야기하고 있었습니다.

"인간은 배우고 깨닫는 데는 무지무지하게 인색하지. 광기와 낭비와 추악함이 지상을 지배하고 있지. 인간들은 사물의 정당한 가치를 모르네. … 그러나 나는 안다. 나는 내 보물에 둘러 싸여 있다. 이제 얼마 후 생존한 자 만이 바다가 보물덩이라는 것을 느낄 것이다."

"살아 남아? 생존?…"

"그렇다."

슈우벨트는 어조를 빨리하여 말했습니다.

"3천년 간 인간은 대기와 공기, 그리고 물을 파괴해 왔다. 어리석은 자의 천국이었다. 그들은 파괴의 씨를 뿌리고 오래지 않아 종말을 고하게 될 것이네."

마크는 슈우벨트의 얼굴을 물끄러미 쳐다보았습니다. 그의 늘어진 턱과 작은 눈은 격렬한 분노의 감정을 내뿜고 있었습니다.

"당신이 어떻게 아는가?"

마크가 물었습니다.

"첫째 이유는 말일세."

슈우벨트의 눈이 순간 번쩍거렸습니다. 그는 마크를 노려보더니 이윽고 말했습니다.

"그 최후의 싸움은 내가 시작할 것이기 때문이지."

두 사람은 옆방으로 걸음을 옮겼습니다. 실내의 중앙에는 커다란 세계 지도가 천장에 매달려 있었습니다. 오대양의 지도에는 각종 군함, 잠수함, 항공모함, 미사일 순양함 등의 모

델이 각기 배치되어 있었습니다. 실험복을 입은 과학자와 기사들이 각각의 위치에서 분주하게 움직이고 있었습니다.

그들의 대화는 간결하고 사무적이며 웃음을 띤 자는 하나도 없었습니다. 목소리는 낮고 단조로웠습니다. 작업은 쉴 사이 없이 계속되었으나 열기는 조금도 느껴지지 않았습니다.

과학자들은 그들에게 곁눈질도 하지 않았습니다. 그들은 모두 열심히 황색 서류를 보면서 계산기를 두들기고 서류에 숫자를 기입하고 있었습니다.

"여기 있는 모든 사람은 하나같이 각각의 분야에서 우수한 학자들이라네."

슈우벨트가 말했습니다.

"과학지식과 응용에 박식할 뿐 아니라 식견도 극히 우수하지. 모두가 전쟁을 혐오하고 평화로운 나라에서 조용하게 자기 분야의 연구에 몰두하고 싶어했지만, 자기네가 발명하는 모든 것이 전쟁에 이용되는 것에 싫증이 났던 것이네. 음식물 연구 분야도 예외는 아니라네. 자네도 잘 알겠지? 한 컵의 마스터드에 적당한 약품을 가하면 화약 3천 톤의 파괴력이 있다는 것을 말이네."

옆의 영국인 과학자는 마치 최면에 걸린 것처럼 무표정한 얼굴로 기계적으로 다이얼을 돌리고 있었습니다.

"이 신사분은."

슈우벨트가 그를 가리키며 말했습니다.

"자신의 연구실에서 한발도 나가지 못한 채 모종의 트랜지스터 연구에 종사했다고 하는데 그 트랜지스터가 완성되자 겨우 미사일 부품으로 쓰이게 되었다는 거야. 명목은 분명히 인류평화를 위해 쓰인다고 했었는데 말이야. 그는 순수한 과학을 연구하기 원한단 말씀이야. 그래서 이쪽으로 데려왔는데. 자기 차례를 기다리는 과학자는 아직도 지상에 많이 있다네. 알겠나?"

슈우벨트는 잘 부탁한다는 듯 그 영국인 어깨를 가볍게 두드렸으나 그는 아무런 반응도 보이지 않았습니다. 두 사람은 계속 걸어갔습니다.

"자네도 이미 알았겠지만, 여기 있는 과학자나 기사는 모두 팔찌를 끼네. 자네는 바보스럽게도 필요 없다고 집어 던졌지만 말일세. 저 팔찌를 끼면 전혀 스트레스가 생기지 않는다네. 비생산적인 감정의 기복 없이 연구에만 전념할 수 있다는 말이지. 인간은 누구나 저 팔찌를 낄 권리가 있지. 그러나 팔찌를 줄만한 가치가 있는 사람에게만 주어야 돼. 그럼 나는 왜 안 끼느냐 하고 묻겠지? 나는 불필요해. 그것은 내가 이 곳 주인이기 때문이지."

슈우벨트는 기묘한 웃음을 흘리더니 손바닥으로 마크를 밀어부치듯 하며 늘어선 기기들을 가리켰습니다.

"이것들을 어디서 가져왔는지 알겠나? 값비싼 기기가 이렇게 많은 연구소는 아무 데도 없다네. 모두 침몰선에서 얻은 거지. 소련의 정찰함에서 얻은 것도 미국 정찰기에서도, 프랑스의 심해 잠수정에서도, 침몰선에 늘어져 있는 것에서 모두 얻은 거야. 따라서 이것들은 최신식이 아닐 수 없지. 그 어느 것이나 수십억 달러에 해당하는 전자기기를 싣고 있었는데 심해에서 고기 구경이나 하는 형편이었어. 나는 그런 것들을 빠짐없이 회수했다네. 여기 있는 것들이 말하자면 그런 것들이지. 나로 말하자면 폐품 회수의 왕자인 셈이지."

슈우벨트는 마크의 어깨를 감싸 안고 천장에 매달린 지도 앞으로 데리고 갔습니다.

"세계 각국의 스파이선과 항공기, 잠수함들이 강력한 비밀무기를 싣고 이 지도 도처에서 꾸물거린다네. 일단 전쟁이 벌어진다면 그 순간에 모두 불을 토하겠지. 그런데 이런 미사일의 정확한 위치를 우리는 잘 알고 있거든."

슈우벨트는 가슴을 펴고 양팔을 벌렸습니다.

"그 미사일을 30초 만에 지배할 수 있는 것이 여기 있는 나란 말씀이야. 나는 할 수 있거든."

그는 마크를 지도 옆으로 끌어당겼습니다. 마크의 호흡은 거칠었고 피부도 거무스레해졌습니다. 그러나 자기 자랑에 도취된 슈우벨트는 마크의 이러한 변화를 모르고 있었습니다.

"우리는 그들의 기술을 역이용하는 거요. 우리는 스스로의 미사일을 가져야 할 필요가 없지. 그들의 미사일을 내가 마음대로 조종하니까 말이야, 이미 우리는 세계의 전파를 모두 제

압하고 있지. 내게는 무엇이든 가능하단 말씀이야."

마크는 고개를 돌렸습니다. 그러자 제어대 앞에 있는 사나이의 뒷모습이 낯익어 보였습니다. 마침 그 사나이가 계기를 보려고 얼굴을 돌렸을 때 마크는 그가 누구인가를 알았습니다.

헨드릭 소령이었습니다. 로스 소령과 함께 비운의 세크에스트 호에 승선한 사나이였습니다.

마침 이 때 헨드릭 소령이 레버를 조작하다가 비명을 질렀습니다. 그의 손끝에서 불꽃이 튕겼습니다. 헨드릭 소령은 감전 당해 의자에서 떨어져 그대로 마루에 누워버렸습니다.

가까이에 있던 과학자들이 힐끔 돌아보았으나 그들은 다시 무감각하게 제 볼일을 보았습니다. 마크는 달려가려고 했으나 슈우벨트에게 붙잡혀 제자리에 멈춰 섰습니다.

"스위치를 바꿔라!"

슈우벨트가 고함쳤습니다. 그리고 마크를 향해 웃어 보였습니다.

"곧 고장은 고쳐질 거야. 인간이 하는 일에는 언제나 잘못이 따르는 법이지."

헨드릭이 조작하던 제어대 위쪽의 보조 제어대에서 한 사나이가 느린 동작으로 내려와 헨드릭 소령에게 다가갔습니다. 로스 소령이었습니다. 로스 소령은 몽유병자처럼 어색한 걸음걸이였습니다.

어디선지 두 명의 경비원이 나타났습니다. 마크가 슈우벨트에게 잡혔던 팔을 뿌리치고 소령에게 가려고 하자, 경비원들이 곤봉을 휘둘러 마크를 다가오지 못하게 했습니다. 마크는 슈우벨트에게 붙잡히고 로스 소령은 경비원에게 양어깨를 붙잡혀 세워졌습니다.

"필립! 자기 자리로 가라!"

슈우벨트가 명령했습니다.

표정 없는 로스는 그래도 슈우벨트 쪽으로 계속 밀고 나왔습니다.

슈우벨트는 냉엄한 표정으로 경비원에게 턱짓을 했습니다. 경비원은 다짜고짜 제지봉으로 로스의 머리를 내리쳤고 넘어진 로스는 그들에게 질질 끌려갔습니다.

"그만 두지 못해!"

마크는 슈우벨트의 손을 밀쳐버리고 버럭 소리를 질렀습니다.

다른 두 명의 경비원이 달려와 마크의 팔을 양쪽에서 눌렀습니다.

"지금… 나는 알았다…당신의 세계를."

마크와 슈우벨트는 서로를 노려보았습니다.

"안돼! 당신 생각은 잘못이다."

마크는 경비원 팔을 뿌리쳤으나 점점 호흡이 곤란했습니다. 한 경비원이 주먹으로 마크의 턱을 올려쳤습니다. 마크는 흐느적거리며 마루에 쓰러졌습니다.

그 동안에도 다른 과학자들은 곁눈질 한번 주지 않고 담당한 기계에 열중하고 있었습니다. 바로 옆에서 일어나는 소동에는 전혀 관심을 나타내지 않았습니다.

"알겠나? 마크."

슈우벨트는 마루에 쓰러져 꼼짝 못하는 마크를 내려다보며 이렇게 말했습니다.

"이 곳 연구원들이 얼마나 침착한가 잘 보았지? 그들은 이제 마음의 편안을 얻은 거야."

지구 파멸 3초 전

슈우벨트의 흥분된 목소리가 스피커에서 흘러 나왔습니다.

“제군들, 우리가 기다리고 기다리던 순간이 눈앞에 다가왔다. 지금부터 정확하게 15분 후, 전세계의 핵무기를 실은 함선을 향해 제어신호가 발신되게 된다. 세계의 함선에 장치된 모든 미사일은 서로의 목표물을 향해 발사된다. 우리는 이 세계의 종말을 고하는 파괴가 잠잠해질 때까지 기다리면 된다.”

과학자들은 각자의 위치에서 아무런 빈응도 니다내지 않았습니다.

슈우벨트의 말은 계속 되었습니다.

“모든 발사 장치는 조사가 끝난 지 오래이다. 이제 이 지구의 전인류는 파멸된다. 정말 장관일 것이다. 지구는 근본부터 파괴되지 않는다면 치료 불능인 상태이다. 그 위대한 일을 지금 우리가 하려는 것이다. 이제부터는 이 지구 위에 평화가 깃들 것이며 선택된 우리들 우수한 인간만이 살아나는 낙원이

된다. 자, 지금부터 숙소로 돌아가 그 점을 잘 생각해 보도록. 이상!"

감정이 없는 과학자들은 무의식 상태로 즉석에서 자기 위치를 떠나 거대한 공장 밖으로 나갔습니다.

슈우벨트는 조명을 밝게 비친 주 관제대 앞에 앉아 있었습니다.

그는 왼쪽의 금속 덮개를 젖히고 열쇠를 넣어 돌리며 중얼거렸습니다.

“어떤가, 지상의 여러분. 핵무기를 적재한 함선의 장병 여러분, 자네들의 종말은 다가오고 있다. 내가 보내는 다음 신호는 ‘안녕’ 이라네.”

그는 또 하나의 열쇠를 돌렸습니다. 디지털의 숫자가 그의 맞은편 스크린에 비쳤습니다.

‘15:00’

스크린의 숫자가 움직이기 시작했습니다.

‘14:58’, ‘14:57’, ‘14:56’ ……

한편 마크는 상어 방지용 철제 우리에 갇혀 십여미터 높이의 공중에 매달려 있었습니다. 그 우리 바닥에서 마크는 호흡곤란으로 헐떡이고 있었습니다. 그의 손은 이미 검게 변색되었고 얼굴도 거무스레해졌습니다.

좁은 우리에서 등을 맞대고 있는 것은 로스 소령이었습니다. 마크는 한동안 움직이지 않았으나 겨우 뒹굴어 엎드리자 몸을 일으켰습니다. 그리고는 허우적거리며 조금씩 로스 소령에게로 기어갔습니다. 마크의 손이 로스 소령에게 닿았습니다. 조금 힘을 얻은 그의 손이 로스 소령의 팔목을 더듬어 팔찌를 찾아냈습니다. 마크는 손가락을 갈구리처럼 만들어 팔찌를 잡아 벗겼습니다. 팔찌는 우리 밖으로 굴러 떨어졌습니다.

로스는 눈을 껌벅거렸습니다. 그러나 초점이 맞지 않은 시선은 아직도 꿈속에 있는 듯 흐렸습니다.

상어 우리 밑에서 발소리가 들려오더니 슈우벨트가 모습을 나타냈습니다.

"섭섭한 일이야."

그는 목청을 높여 외쳤습니다.

"두 사람 다 나와 함께 즐거운 생활을 할 수 있었는데, 정말 섭섭하다. 자네들은 새로운 생활과는 아무래도 인연이 먼 것 같아. 안됐다!"

슈우벨트는 튀어나온 배를 안고 큰 소리로 웃더니 벽에 있는 버튼을 눌렀습니다. 두 개의 레버가 벽에서 뻗어 나왔습니다. 상어 우리를 매달고 있는 케이블이 점차 아래로 늘어지기 시작했습니다.

슈우벨트는 웃음을 거두고 상어 우리가 아래로 늘어지는 것을 지켜보고 있었습니다. 우리가 수면 위에서 2피트까지 내려졌을 때 슈우벨트는 바쁜 걸음으로 통로에서 모습을 감추었습니다.

우리는 계속해서 아래로 내려갔습니다. 마크의 검게 변한 팔과 어깨와 가슴의 근육이 심한 경련을 일으켰습니다. 이미

기력은 보통의 인간만도 못했습니다. 그는 그 자리에 벌렁 누워버렸습니다.

그 때 상어 우리가 물에 잠겼습니다. 마크의 몸도 물에 잠겼습니다. 물은 로스의 허리에 닿고 있었습니다. 그러나 마크는 아직 움직이지 않았습니다.

우리는 거의 물에 잠겨버렸습니다. 로스는 이제 코와 입 위만 물 위로 남겨졌습니다. 얼굴을 하늘로 향하고 우리 사이로 코를 내밀고 있었습니다. 이제 마지막이구나 하고 로스는 생각했습니다.

그 때 마크가 밑바닥에서 꿈틀거렸습니다. 그는 천천히 고개를 들더니 점차 생기를 되찾고 있었습니다.

그는 위에서 로스가 허우적거리는 것을 보았습니다. 마크는 단숨에 뛰어올라 로스의 어깨를 붙잡고 말했습니다.

"야. …숨을 크게 마셔!"

로스는 붙잡힌 어깨를 뿌리치려다가 물을 마셨습니다.

"숨을, 숨을 크게 마셔!"

로스는 한가닥 희망을 걸고 숨을 크게 들이마셨습니다.

마크는 로스의 어깨를 잡고 단숨에 우리 바닥까지 끌어내렸습니다. 마크는 발을 바닥에 대고 우리 철봉을 휘어 뜨려 그와 함께 빠져나갔습니다. 마크는 곧장 수면으로 솟아올랐습니다. 로스는 그 사이를 견디지 못하고 또 물을 마셨습니다.

마크는 늘어진 로스를 한 팔로 안고 수로 옆 보도에 밀어 올렸습니다.

로스의 벌렁 누워 있는 가슴은 크게 요동치고 있었습니다. 마크는 그의 옆에서 사방을 주의깊게 지켜보며 로스가 힘을 회복할 때까지 기다렸습니다.

슈우벨트는 조금전까지 과학자들이 일하던 곳으로 향했습니다.

공장 안에는 무거운 정적이 감돌고 천장에 매달린 세계 지도만이 조명을 받아 째깍거리고 있었습니다. 디지털 시계가 남은 시간의 분초를 '10:48', '10:47' 하고 가리켰습니다.

그는 흡족해져서 고개를 끄덕거렸습니다.

그 때 팔찌를 낀 과학자 한 명이 출입구에 서서 서류뭉치를 내밀며 말했습니다.

"마크 허리스에 대한 보고입니다."

"어디 보자. 늦긴 했지만 아직 흥미는 있다. 왜 이렇게 늦었나?"

"화학적 변칙을 찾느라고 프로그램을 재편성해야만 했었습니나."

"그랬었군. 그놈의 변칙에는 언제나 골치가 터진단 말이야. 그것 이리 내!"

슈우벨트는 빼앗듯이 서류를 받았습니다.

"그리고 특별 선물은?"

"선물이라니오?"

"팔찌! 자네 요즈음 많이 둔해졌어. 내가 어린애와 말하듯 일일이 설명해야만 알아 듣겠나?"

"앗, 참."

팔찌를 낀 과학자는 주머니에서 견고하게 생긴 팔찌를 꺼냈습니다. 자신이 끼고 있는 것보다 그것은 더 굵었고 색도 초록색, 적색, 흑색의 3가지가 배합되어 있었습니다.

슈우벨트는 그것을 눈 가까이 들어 올려 불빛에 비쳐보았습니다. 그리고는 만족스러운 웃음을 띄우고 말했습니다.

"아주 잘 됐어. 그만 가봐!"

슈우벨트는 의자에 앉아 발을 책상 위에 올려놓았습니다. 그는 한 손으로 팔찌를 만지면서 다른 한 손으로는 서류를 넘겼습니다.

그의 표정은 보고서의 내용이 변할 때마다 따라서 변했습니다.

"빌어먹을! 어쩐지 좀 이상하더라니…. 이럴 줄 알았으면 내가 직접 조사했어야 하는데."

그는 읽고 난 서류를 집어던지더니 벌떡 일어났습니다. 그리고 버튼을 누르고 마이크를 향해 벼락치듯 소리 쳤습니다.

"경비원, 난 슈우벨트다. 상어 우리로 당장 달려가라. 그리고 두 명의 시체를 확인한다! 시체가 없다면 두 놈은 살아 있을 가능성이 있다, 당장 구내 전역에 비상을 걸어라. 그리고 수색하라. 살아 있는 것을 발견하면 아주 정중하게 모셔라. 두 놈은 마크 허리스와 로스다. 특히 마크는 정중하게 모셔라! 알겠나?"

구내에 비상벨이 요란하게 울렸습니다.

마크는 실험복을 벗어버렸습니다. 그는 로스가 일어나려는 것을 도와주며 입고 있는 실험복의 단추를 늦춰 주었습니다. 로스는 아직 피로에 지쳐 다리는 수로에 늘어뜨린 채 있었습니다.

"내 말 들어."

마크는 로스의 어깨를 흔들며 말했습니다.

"다른 사람들을 살려내야 한다…"

로스는 여전히 기력을 차리지 못하고 늘어져 있었습니다.

"그가 누구라도 상관없어…. 손목에서 팔찌를 풀어 주어라… 그리고 잠수정으로 데려가는 거야… 자네 친구… 헨드릭… 그도 찾아내서 잠수정으로 데려가라."

"안 돼. 수문이…"

로스는 힘없이 고개를 저었습니다.

"내가 열어 주지."

"어떻게?"

"걱정하지 마라, 내가 연다. 지금은 나를 믿어."

그러나 로스는 계속 머리를 가로 저었습니다.

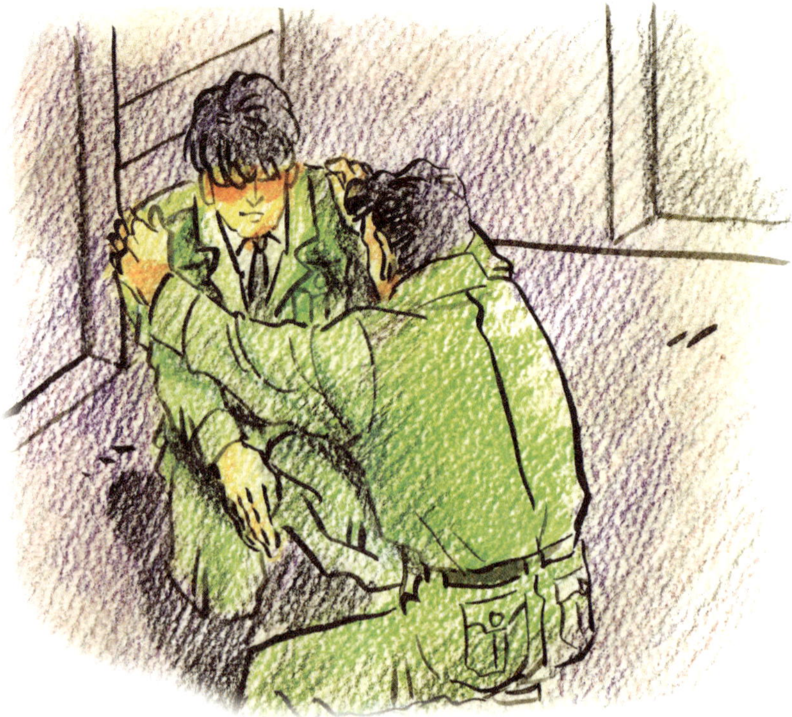

“슈우벨트의 광선에 붙잡힌다. 그 광선에 붙잡히면 미사일이 날아온다.”

로스는 괴로운 듯 숨을 가쁘게 몰아 쉬었습니다. 그러나 어느 새 희미한 그의 시야에는 마크가 물속으로 사라지는 것이 보였습니다.

“헨드릭, 그리고 다른 사람들을 찾아야지…”

로스는 중얼거리면서 흐느적 흐느적 일어났습니다.

“찾아야지… 빨리 찾아야지.”

그는 벽에 손을 짚고 몸을 지탱하면서 통로를 빠져나갔습니다.

엘리자베스는 존슨 함장의 손에서 수화기를 받아 들었습니다. 그리고 숨을 크게 들이마신 다음 귀에 댔습니다.

"아직 아무것도 포착 못했다고?"

제독은 거의 체념한 듯한 목소리였습니다.

"네, 아무것도… 죄송합니다."

"내게 그런 말 할 필요가 없어, 메릴 박사. 그럼 수색은 이제 단념하기로 하나?"

"네…. 저, 저도 그럴 생각입니다."

"내가 지금 명령하는 것이 아니라는 점은 알겠지요?"

"잘 알겠습니다."

"이것은 메릴 박사의 소관의 일이오. 더 계속하겠다면 계속하시오. 필요한 지시는 해 두겠소."

"고맙습니다. 제독님. 그럼 말씀은 그것 뿐입니까?"

"그렇소, 귀항을 기다리겠소. 힘을 내시오."

"네. 저는 아무 걱정 마십시오."

피아즈 제독은 수화기를 조용히 놓았으나 책상을 힘껏 주먹으로 내리쳤습니다.

로스는 체력과 판단력을 서서히 되찾고 있었습니다. 천천히 터널을 걸어나가자 터널 옆에 문이 열려 있는 것이 보였습니다. 아무도 없는 그 곳에는 디지털 시계가 정확하게 시간을 재고 있었습니다.

'10:26', '10:25' …. 그는 방에서 급히 나와 걸음을 재촉했습니다. 생명의 여유는 10분뿐이었습니다.

마크는 흐린 조명이 비치는 터널의 수로를 소리나지 않도록 주의하며 나아갔습니다. 마크의 헤엄은 파도를 일으키지 않았습니다.

로스는 러시아인과 영국인, 미국인 등 세 명이 디지털 시계를 지켜보고 있는 모습을 발견했습니다.

'8:15', '8:14' …

로스는 재빠르게 움직여서 그들의 손목에서 팔찌를 풀어 던졌습니다.

"따라 와!"

그는 세 사람을 앞세우고 도크로 향했습니다. 그들도 팔찌를 없앴기 때문에 정상적인 의식이 서서히 돌아오고 있었습니다.

마크는 맨발로 소리 없이 공장 입구까지 갔습니다. 그가 다가가자 자동문이 조용히 열렸습니다. 그는 주의 깊게 살피면서 공장 내부로 들어가 기기 사이를 빠져나갔습니다. 디지털 시계는 '8:10', '8:09'… 하고 시간을 계속 지워나가고 있었습니다.

그는 중앙의 관제대 위의 복잡한 스위치를 조사했습니다.

"여어! 마크 허리스!"

소리나는 쪽으로 마크가 고개를 돌리자 슈우벨트가 지도 뒤에서 나왔습니다.

"자네를 지금까지 기다렸네, 생각보다 시간은 더 걸렸지만…"

마크는 그에게서 두어 걸음 물러서며 말했습니다.

"신호파를 끄자… 그리고 수문을 열고…."

"수문을 열라고?"

슈우벨트는 재미있다는 듯 소리내어 웃었습니다.

"그건 아무것도 아냐. 자네가 열면 되잖아!"

그는 제어대를 가리켰습니다.

"버튼만 누르면 자네 소원도 이루어진다네."

마크는 제어대 쪽을 흘깃거렸으나 어느 것이 수문 버튼인지 알 수가 없었습니다.

슈우벨트는 특제 팔찌를 꺼내 마크 뒤에서 소매로 닦아내며 히죽히죽 웃었습니다. 그는 벽에 있는 레버를 아래로 내렸습니다.

그러나 벽면의 문이 소리도 없이 열렸습니다. 그는 그 문을 빠져나가더니 마크에게도 들어오라고 손짓했습니다.

"이봐 마크, 빨리 들어와."

마크가 문으로 들어가자 문은 저절로 잠겼습니다. 슈우벨트는 주머니에서 마크에 관한 보고서를 꺼내 마크의 눈앞에서 흔들어 보였습니다.

"처음 만났을 때부터 나는 자네가 마음에 들었어. 나는 자네의 특이한 힘과 지혜에 깨끗이 항복했다네. 이 보고서를 보자 자네가 더욱 좋아졌단 말이네. 동시에 자네 약점도 잘 알게 되었네만 물만 없으면 힘을 잃는 것이 자네 아닌가? 여간 애교 있는 슈퍼맨이 아니야 자네는…"

슈우벨트의 웃음은 자신감에 넘치고 있었습니다.

"조금만 더 빨리 알았더라면 상어 우리에 가두지는 않았을 텐데. 그 바보짓 때문에 자네가 힘을 얻고 말았으니 나 원 참, 이런 긴급사태에 말이야."

슈우벨트는 소형 제어대로 가서 그 중심부에 있는 레버를 손가락질했습니다. 레버에는 뚜렷하게 '수문' 이라고 쓰여 있

었습니다.

"이리로 오게."

슈우벨트가 손짓했습니다.

"이 레버를 자네가 조종하게."

마크의 시선이 슈우벨트에게서 레버로 옮겨갔습니다.

"그래. 이것이 수문의 레버지. 자네 친구들을 위한 자유의 문이란 말이네."

마크는 주춤거리면서 레버 앞으로 갔습니다.

"바로 그 레버다."

마크가 레버를 잡았습니다.

바로 이 순간을 노리고 있던 슈우벨트는 번개같은 솜씨로 마크의 손목에 팔찌를 끼웠습니다.

순간, 마크는 조용해지고 눈에는 안개가 끼며 빛을 잃었습니다.

둘은 얼굴을 마주 보았습니다. 마크와는 대조적으로 슈우벨트의 눈빛은 날카로웠습니다.

"조용히! 천천히 손을 놓아!"

슈우벨트의 냉엄한 명령이 떨어졌습니다.

"아주 천천히 해!"

마크는 느릿느릿 레버에서 손을 뗐습니다. 그의 뒤에 있는 디지털 시계는 '6:43' 을 뚜렷하게 보여주고 있었습니다.

슈우벨트는 자신에 찬 웃음을 얼굴 가득 띄었습니다.

"난 거짓말하진 않는다. 그것은 틀림없이 수문 레버야. 그리고 자네가 이렇게 되리라는 것도 알고 있었다…"

그러나 서로의 시선이 마주치는 순간 마크는 재빠르게 팔찌를 손목에서 풀어, 슈우벨트의 손목에 끼웠습니다. 마크가 움켜쥐고 있던 슈우벨트의 손을 놓았을 때 그는 힘없이 팔을 늘어뜨리고 무표정해져 있었습니다.

"여보게 선생! 자기 육체의 어느 부분도 자기 뜻대로 컨트롤할 수 있는 것이 바다 주민의 장점이라네. 언젠가는 바다 주민의 그 방법을 알려 주지. …자 그럼 신호파를 끌까?"

슈우벨트는 생기 없는 눈으로, 마크를 마주보며 대답했습니다.

"신호파는 정지시키지 못합니다. 초읽기는 자동입니다."

마크는 다이얼과 레버를 둘러보았습니다.

"이 곳을 침수시킬 수 있나?"

"네."

"이 방도 그리고 모든 방도?"

"네."

"그래도 신호파는 정지되지 않나?"

"모르겠습니다."

"빨리 해봐!"

슈우벨트는 주 관제대를 향했습니다. 그는 주머니에서 열쇠를 꺼내 주 관제대 밑의 열쇠 구멍에 찔러 넣었습니다.

뚜껑이 열리고 버튼이 보였습니다.

슈우벨트가 버튼을 눌렀을 때 디지털 시계는 '05:58'을 가리키고 있었습니다.

수문 양측의 콘크리트 문이 열리고 해수가 들어차기 시작했습니다. 수위가 급격하게 상승하기 시작했습니다.

로스 일행은 도크에 나올 수 있었습니다. 도크로 나온 그들의 눈앞에 해수가 거대한 콘크리트 벽을 넘어 돌진해 오는 것이 보였습니다. 그들 앞에 기묘한 모양의 잠수정이 보였습니다. 바닷물은 이제 허리를 넘실거리고 있었습니다. 그들은 서로의 허리를 끼고 가까스로 잠수정에 도착했습니다.

로스는 마지막으로 마크의 모습을 찾아 시선을 굴렸습니다. 그러나 해수가 머리 위를 뛰어넘자 체념한 듯 해치를 닫고 고정 핸들을 힘껏 조였습니다.

조정석에 앉은 로스는 레버를 당기고 버튼을 눌러 잠수정의 각 기능을 작동시켰습니다. 엔진 소리가 들리고 스크루의 회전이 전달되었습니다.

"틀렸다. 수문이 잠겼다."

기내에 찼던 표정들이 일시에 창백해지고 8개의 눈이 거대한 수문에 쏠렸습니다.

마크는 침수량을 알리는 계기를 지켜보고 있었습니다.

"수문을 열어!"

슈우벨트는 레버를 기계적으로 내렸습니다.

"수문이 작동하지 않는다."

"무엇이라고?"

마크는 슈우벨트의 어깨를 움켜쥐었습니다.

"왜? 왜야!"

"아마 침수한 해수 때문에… 터미널에서 단선되었는지 모르겠습니다."

마크는 분통이 끓어올라 주먹으로 레버 옆의 벽면을 쳤습니다. 그 일격으로 그 부분이 일그러졌습니다. 붉은 램프가 꺼지고 녹색 램프가 점멸을 시작하더니 점멸이 그친 다음 그대로 점등되고 말았습니다.

"접속이 된 것 같습니다."

슈우벨트가 얼빠진 목소리로 보고했습니다.

"수문이 열립니다."

잠수정을 타고 있던 과학자들은 박수를 쳤습니다.

로스는 조정대에서 마음을 가다듬고 자세를 바로 잡았습니다.

"마크 허리스가 우리를 구했다."

로스는 무뚝뚝하게 말하고 박수를 그치게 했습니다.

"마크 허리스가 누굽니까?"

누군가가 물었습니다.

"내 친구. 아직 저 안에 있다."

잠수정은 서서히 나가고 있었습니다. 로스는 잠깐 눈을 감고 마크의 명복을 빌었습니다.

로스는 눈을 뜨고 서서히 움직이는 잠수정이 마리아나 해구에서 빠져나가도록 조정했습니다.

마크가 슈우벨트 손을 끌고 좁은 관제실에서 공장으로 나왔을 때 해수는 콘크리트 벽 사이에서 폭포처럼 제어대 쪽으로 쏟아지고 있었습니다.

디지털 시계만이 끄덕없이 시간을 지워나가고 있었습니다. '04:29', '04:28', '04:27' …….

마크는 슈우벨트의 손목에서 팔찌를 빼어 무릎에서 넘실거리는 바닷물 속으로 던졌습니다.

마크는 눈을 껌벅거리고 있는 슈우벨트에게 말했습니다.

"섭섭하겠지만 자네의 연구소는 저 모양이 되고 말았어."

마크는 그를 놓아두고 통로로 올라왔습니다. 등뒤에서 폭발음이 연이어 울려왔습니다. 콘크리드 파편이 폭풍으로 역류하는 파도를 타고 흘러왔습니다. 그는 수문을 향해 한발 내딛었습니다. 그 때 생각지도 않은 슈우벨트의 목소리가 스피커를 통해 들려 왔습니다.

"마크, 잘 들어라!"

마크는 수면에 얼굴을 내 놓았습니다.

"나는 네놈이 잘 보인다. 모니터가 하나만은 아직 작동한단 말이다. 어떤 경우에도 대처할 수 있도록 나는 안전한 방법을 강구해 두었기 때문이지."

슈우벨트는 모니터 앞에 버티고 앉아 있었습니다. 이미 해수는 그의 무릎을 치고 있었습니다. 모니터 스크린에는 마크가 얼굴을 들어 스크린을 바라보는 것이 비쳐져 있었습니다.

"용감했다, 마크. 인간의 행위에 고귀한 면도 있으나 그것은 그것 뿐이다. 어떤 행동도 성공이 따르지 못하면 고귀하다는 것도 무의미해진다. 성공은 내 것이다. 불과 10초 이내에 말이다."

그는 입을 힘있게 다물고 디지털 시계에 초점을 맞추었습니다. '00:08', '00:07' …….

모니터 스크린에는 도크의 폭발 광경이 비쳐졌습니다. 마크가 마침내 파도에 휩쓸려 수문으로 흘러가는 것이 보였습니다.

바로 이 때였습니다. 디지털 시계가 '00:03'에서 얼어붙은 것처럼 정지했습니다. 최후의 폭발음이 구내를 흔들었던 것입니다.

마크는 도크 폭발 때 왼쪽 반신의 감각을 잃었습니다. 그는 오른손만으로 바닷속을 헤쳐나갔습니다. 폭발 충격으로 작동기계가 고장을 일으켰는지 수문이 서서히 내려지고 있었습니다. 마크는 있는 힘을 다해 오른 손으로 물 속을 저었습니다.

다행히도 구내에서 일어난 최후의 폭발이 역류를 일으켜 수문 밖으로 마크를 밀어냈습니다.

땅과 바다의 화해

엘리자베스는 난간에 기대고, 갑자기 무수하게 떠올라 너울거리는 부유물을 슬픔에 짓눌린 눈으로 망연히 보고 있었습니다.

지진계는 해저에서 연속적으로 일어난 폭발을 기록했습니다. 화산 폭발로 보기에는 그 진폭이 적었고 짧았으나 문 리버호는 수시간이나 흔들려야 했습니다.

이 해저 폭빌은 누구도 직질한 해명을 힐 수 없었습니다. 딘지 엘리자베스로서는 마크가 돌아오리라고 걸고 있던 작은 희망마저 이 폭발로 완전히 끊겨버리고 만 것입니다.

해저 7마일 지점에서의 폭발은 지금까지 그녀가 쌓아올린 연구와 노력을 깨끗하게 날려보낸 것 같았습니다. 그녀 뒤로 소리 없이 다가온 어니가 주춤거리면서 그녀 어깨에 손을 얹었습니다. 그녀는 뒤를 돌아보았습니다. 어니는 그녀를 끌어당겨 어깨를 안아 주었습니다. 그녀는 어니의 어깨에 머리를 묻고 흐느끼기 시작했습니다.

엘리자베스는 모든 것을 잊으려고 애를 썼습니다. 그런데 갑자기 어디선가 이상한 소리가 들려오는 것처럼 느껴졌습니다. 잠수용 해치에서 인간의 신음소리가 들렸습니다.

어니가 그쪽으로 달려갔습니다. 그리고는 마크를 단숨에 해치로 끌어올렸습니다. 마크는 갑판에 늘어져 있었으나 곧 비틀거리면서 일어나려고 했습니다. 엘리자베스는 입이 떨어지지 않았습니다. 그저 가슴만 울렁거리며 커다랗게 뜬 눈으로 마크를 지켜볼 뿐이었습니다.

"보고 해야지…."

마크는 거의 들리지 않는 목소리로 말했습니다.

"세크에스트 호는 발견하지 못했다. …그러나 헨드릭과 로스는 살아 있었다.… 지금 살았는지 죽었는지…몰라."

그는 어니의 팔에 쓰러졌으나 어니가 받쳐 주기 이전에 다시 자세를 고쳤습니다.

엘리자베스는 그에게 달려가 두 팔에 있는 힘을 다 주어 끌어안았습니다. 너무나 많은 눈물을 흘려 이제는 눈물이 말라 버렸을 것으로 생각했는데 새삼 눈물이 흐르기 시작했습니다.

"왜 그래, 눈이?"

"아니… 아무것도 아니에요."

그녀는 손등으로 눈을 계속 부벼댔습니다.

해양 개발 센터에 입항하기 전 기이한 잠수정이 이미 도크에 들어왔고 로스 소령과 다른 3명의 과학자가 병원으로 옮겨졌다는 무전이 들어왔습니다.

엘리자베스와 마크는 의자에 나란히 앉아 느긋한 표정의 피아즈 제독과 마주 대하고 있었습니다.

"내가 말하고 싶은 것은"

제독이 만족스러운 표정으로 말했습니다.

"세계의 모든 인간은 손에 손을 마주 잡아야겠다는 점이야… 자네 생각은 어떤가?"

"옳다고 생각해."

"그렇지. 그럼 내 신청을 받아 주겠나?"

"제독은 좋은 사람이다. 나는 많은 좋은 사람과 만났다. 그러나 나는 당신들의 세계를 잘 모른다. 당신들이 내 세계를 모르는 것처럼 서로가 서로의 세계에 머무는 것이 좋겠다."

마크는 엘리자베스를 보고 곧 문쪽으로 갔습니다..

"나는 작별하고 싶지 않아."

제독의 침통한 말에 마크는 고개를 돌려 제독을 보았습니다.

"안다. 그리고 당신은 좋은 사람이다. 나는 믿는다."

"붙잡지 않겠네, 마크 자네에게 깊이 감사하네."

엘리자베스가 의자에서 일어났습니다.

"해변까지 같이 가겠어요. 마크가 바다에 들어갈 때 작별하고 싶어요."

"좋지. 엘리자베스와는 바다에서 작별하고 싶었다."

두 사람이 함께 처음 마크가 기절해 있던 해안까지 왔을 때 주위는 어두워졌습니다. 마크는 작업복을 벗어 엘리자베스에게 넘겼습니다.

"마크…"

엘리자베스는 자신도 모르게 눈물이 흘렀습니다.

"또 눈에 물이 나왔다, 왜지?"

"누구니 친해지면 즐겁지요? 그러나 그 반대라면 슬퍼져요. 그래서 울게 되는데 울면 눈물이 나와요. 마크는 울은 적이 있어요?"

"없어."

마크는 고개를 가로 저었습니다.

"한마디만…, 지금부터 엘리자베스라고 부르겠다."

그는 손을 뻗어 엘리자베스의 양 볼에 흘러내리는 눈물을 손가락으로 찍어 입으로 가져갔습니다.

"바다, 바다의 맛이다."

그녀가 고개를 끄덕였습니다.

마크는 휙 몸을 돌리더니 어두운 바닷속으로 들어갔습니다.

그는 사라졌습니다.

그가 사라진 후에 그녀는 잠시 얼 나간 사람처럼 해변에 그대로 있었습니다. 파도가 계속 정강이를 휘감았습니다.

그 때 무언가 표류물이 해변으로 쓸려왔습니다. 마크였습니다. 마크가 물장구를 치면서 헤엄쳐와 그녀와 마주 보았습니다.

"다시 돌아왔군요."

"그래요, 엘리자베스. 나는 아직 모르는 것이 너무 많아."

엘리자베스의 눈에서는 또 바닷물이 떨어졌습니다. 그녀는 고개를 흔들어 눈물을 떨치고 손을 내밀었습니다. 마크는 그녀의 손을 힘있게 쥐었습니다.

초능력 해저인간

2012. 12. 10 인쇄
2012. 12. 15 발행
엮은이 대한과학진흥회
펴낸이 신 주 황
펴낸곳 스완미디어
등록 제2-4534호
주소 중구 만리동2가 12-33 태영빌딩
대표전화 02) 393-0026
팩스 02) 312-8349

ISBN 978-89-92565-21-9

값 8,500원
※ 잘못 만들어진 책은 구입하신 곳에서 바꾸어 드립니다